KB274095

독일어 기초어휘

Grundwortschatz Deutsch

신 형 욱

문예림

저자 **신 형 욱**

한국외국어대학교 독일어과 졸업
한국외국어대학교 대학원 독어학 석사
독일 뮌스터 대학교 언어학 박사
EBS TV 교육방송 독일어 회화 진행(1993~1999)
현) 한국외국어대학교 독일어 교육과 교수
현) 한국외국어교육학회 회장

주요 저서
- Analyse und Kritik koreanischer Schulbücher für den Deutschunterricht (1991)
- 독일어 주제별 어휘사전(2006)
- EBS 입에서 톡 독일어(2007)

주요 역서
언어기호론(2003)

주요 논문
- Realisierung des 7. Curriculums in den koreanischen Schulbüchern für Deutsch (2004)
- Schulbücher für DaF in Korea: Bestandsaufnahme und Probleme (2005)
- Fremdsprachenpolittik in Korea: Wege and Irrwege (2006)

독일어
기초어휘 (Grundwortschatz Deutsch)

초판 인쇄 : 2012년 3월 20일
초판 발행 : 2012년 4월 1일

저　자 : 신 형 욱
펴낸이 : 서 덕 일
펴낸곳 : 도서출판 **문예림**
등　록 : 1962. 7. 12　제2-110호

주소 : 서울특별시 광진구 군자동 1-13 문예하우스 101호
전화 : (02)499-1281~2,
팩스 : (02)499-1283
http://www.bookmoon.co.kr
E-mail : book1281@hanmail.net

ISBN 978-89-7482-637-6(13750)

＊잘못된 책이나 파본은 교환해 드립니다.

　이 책은 독일어의 기초적인 낱말과 표현을 주제별로 익히고, 이를 바탕으로 일상생활의 기본적인 표현들을 배울 수 있도록 작성된 책입니다.

　이 책에는 인사와 소개부터 감정표현, 성격과 신체묘사, 스포츠와 취미활동 등과 같은 일상생활의 기본적인 의사소통 영역에서 사용되는 낱말들은 물론, 독일어권을 여행할 때 필요한 호텔 및 레스토랑, 교통수단 등의 주제도 포함되어 있습니다. 아울러 독일어권의 사회 문화를 엿볼 수 있는 영역의 주제인 우체국, 기차역, 거주지, 집안용품, 독일의 교육체제, 독일어권 음식 등의 내용도 함께 다뤘습니다.

　각 장은 그림과 함께 제시되는 기본 낱말들과 추가적인 낱말들, 그리고 유용한 기본 표현들을 담고 있으며, 학습한 내용을 점검할 수 있도록 연습문제도 제시하였습니다. 이를 통해시 여러분은 자신의 학습 정도를 스스로 확인하고, 중요한 내용을 한 번 더 정리할 수 있는 기회를 얻을 수 있을 것입니다.

　이 책을 통해서 비록 독일어를 완벽하게 익힐 수는 없을지라도, 낱말들이 그림과 함께 주제별로 제시되어 있어 짧은 시간에 많은 어휘를 쉽게 개관할 수 있을 것입니다. 또한 주제별 낱말과 함께 제시된 유익하고 실용적인 기본 표현들은 실제 독일어 사용 능력을 배양하는 데에도 좋은 기초가 될 것입니다. 아무쪼록 이 책이 독일어와 독일어의 세계를 이해하는 데 좋은 길잡이가 되기를 바랍니다.

2012년 1월
신 형 욱

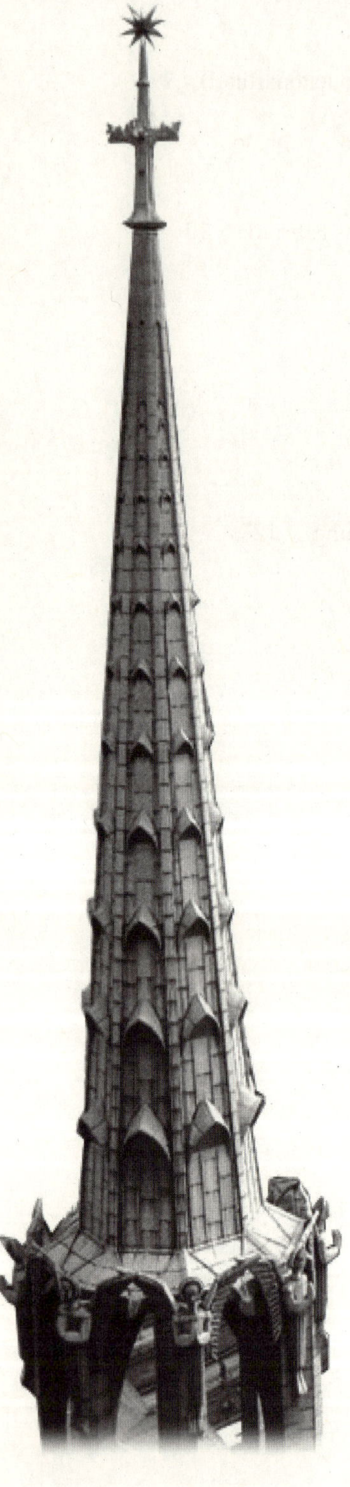

인사(die Begrüßung)

Hallo, wie geht's? (안녕? 잘 지내니?)
–Danke, gut. Und dir? (잘 지내. 고마워. 너는?)

Guten Tag, wie geht es dir?
(안녕하세요? 잘 지내요?)
–Danke, mir geht es sehr gut. Und dir?
(아주 잘 지내요. 고마워요. 당신은?)

Auf Wiedersehen. Bis morgen!
(안녕. 내일 봐요!)
–Tschüs!
(안녕!)

> 가족이나 친구 또는 서로 잘 아는 사이에는 친칭인 **du**(1격, 너는), **dir**(3격, 너에게), **dich**(4격, 너를)를 사용함

■ 격식을 갖춰야 하는 사이에는 격식칭인 Sie(1격, 당신은), Ihnen(3격, 당신에게), Sie(4격, 당신을)를 사용함.

■ 2인칭 복수 친칭 1격(주격)은 ihr, 3격(목적격)은 euch이며, 2인칭 복수 격식칭 1격(주격)은 Sie, 3격(목적격)은 Ihnen을 사용함.

(1) 친한 사이 (친칭 du)

- Hallo, Klaus. Wie geht's? (안녕 클라우스, 어떻게 지내?)
  - Danke, gut. Und dir? (잘 지내. 너는?)
- * geht's는 geht es의 축약형

- Guten Tag! Wie geht es dir? (안녕! 어떻게 지내?)
  - Danke, mir geht es gut. (잘 지내, 고마워)

(2) 처음 보는 사람이나 격식을 차려야 하는 사이 (격식칭 Sie)

- Guten Morgen, Herr / Frau / Professor 〈이름〉 : 안녕하세요. 〈이름〉 씨/교수님 (아침 인사)
- Guten Tag, Herr 〈이름〉 : 〈이름〉 씨, 안녕하세요. (낮 인사)
- Guten Abend, Frau 〈이름〉 : 〈이름〉 씨, 안녕하세요. (저녁 인사)
- Wie geht es Ihnen? (어떻게 지내세요?)
  - Danke, mir geht es gut. Und Ihnen? (잘 지내요. 고맙습니다. 당신은요?)
  - Danke, sehr gut. (매우 잘 지내요. 고맙습니다.)

- Auf Wiedersehen! (다음에 볼 때까지 안녕!)
- Bis bald! (곧 또 만나요.)
- Bis später! (나중에 도 봐요.)
- Einen schönen Tag! (좋은 하루되세요.)
- Gute Nacht! (잘 자!/안녕히 주무세요.)
- Bis morgen! / Bis Montag! / Bis Samstag! / Bis nächste Woche!

  (내일 보자 / 월요일에 보자/ 토요일에 보자/ 다음 주에 보자)
- Bis demnächst! (다음에 만날 때까지 잘 지내!)

Gute Reise!
(여행 잘 하시기 바랍니다!)

Frohe Weihnachten!
(즐거운 성탄절을 보내시기 바랍니다!)

Gesundheit!
(재채기하는 사람에게 해주는 말)

Lern fleißig!
(공부 열심히 해라!)

Guten Appetit!
(맛있게 드세요!)

Prosit! (건배!)
Auf Ihr Wohl! (당신의 건강을 위하여!)

• Viel Glück! (행운이 함께하길!)

• Viel Erfolg! (성공을 빈다!)

• Viel Spaß! (즐거운 시간 보내라!)

• Gute Fahrt! ((차로 이동하는 사람에게) 잘 가요!)

• Schönes Wochenende! (주말 잘 보내세요!)

• Schöne Ferien! (방학 잘 보내세요.)

• Herzlichen Glückwunsch! (진심으로 축하해요!)

• Herzlichen Glückwunsch zum Geburtstag! (진심으로 생일 축하해요.)

• (Ich wünsche Ihnen) Frohe Ostern! (부활절 잘 보내세요.)

• (Ich wünsche Ihnen) Ein gutes neues Jahr! (좋은 새해를 맞이하시길!)

• (Ich wünsche Ihnen) Ein frohes neues Jahr! (즐거운 새해 맞이하세요.)

• (Ich wünsche Ihnen) Ein glückliches neues Jahr! (행복한 한 해가 되길 바랍니다.)

• (Ich wünsche Ihnen) Gute Besserung! (건강 회복하세요.)

• (Ich wünsche Ihnen) Baldige Besserung! (빠른 쾌유 바랍니다.)

* 기원을 하는 말은 보통 Ich wünsche Ihnen을 생략하고 짤막하게 말하지만, 정중하게 말하는 경우나 글로 표현할 때는 완전한 문장을 사용하는 경우도 많음.

• Entschuldigung! (죄송합니다! / 실례합니다!)

• Entschuldigen Sie, bitte! (실례합니다. / 죄송합니다.)

• Entschuldigen Sie bitte die Störung! (방해해서 죄송합니다.)

• Entschuldigen Sie bitte die Verspätung. (늦어서 죄송합니다.)

• Verzeihung! (실례합니다./죄송합니다.)

• Verzeihen Sie, bitte! (실례합니다/죄송합니다.)

• Ich hoffe, ich bin Ihnen nicht allzu sehr zur Last gefallen.
 (폐를 많이 끼쳐 드리지 않았는지 모르겠습니다.)

die Entschuldigung은 동사 entschuldigen(용서하다)에서 파생한 명사임.
-ung으로 끝나는 명사는 항상 여성임.
verzeihen (용서하다) → die Verzeihung (용서)
stören (방해하다) → die Störung (방해)
sich verspäten (늦다) → die Verspätung (지각)

Ⅰ. 다음 우리말을 독일어로 표현해 보세요.

(1) 안녕하세요. 어떻게 지내십니까?

____

(2) 감사합니다. 잘 지내고 있습니다. 선생님은요?

____

(3) 안녕히 주무세요.

____

(4) 주말 잘 보내세요.

____

(5) 생일을 축하합니다.

____

(6) 조심해서 가세요.

____

Ⅱ. 알맞은 말로 답해 보세요.

(1) Wie geht es Ihnen? – _______________________________.

(2) Wie geht es dir? – _______________________________.

(3) Auf Wiedersehen! – _______________________________.

(4) Tschüs, bis morgen! – _______________________________.

(5) Gesundheit! – _______________________________.

소 개 (die Vorstellung)

Ich möchte Ihnen Frau Meyer vorstellen.
(마이어 씨를 소개해 드리고 싶습니다.)
Sie ist Deutsche. (독일 여자분이십니다.)

Klaus, das ist Petra. (클라우스, 여기는 페트라야.)
Petra, das ist Klaus. (페트라, 여기는 클라우스야.)

Guten Tag, meine Damen und Herren. Ich möchte
mich Ihnen vorstellen.
(안녕하세요! 신사숙녀 여러분. 제 소개를 하겠습니다.)
Mein Name ist Mira Kang. (제 이름은 강미라입니다.)
Ich bin Koreanerin. (저는 한국 사람입니다.)

Mira　Kang

이름(der Vorname)　　성(der Nachname/der Familienname)

이름(der Name)

- Darf ich Ihnen Herrn Meyer vorstellen? (마이어 씨를 소개해 드리겠습니다.)

  – Guten Tag, Herr Meyer. Ich freue mich, Sie kennen zu lernen. (안녕하세요! 마이어 씨. 만나서 반갑습니다.)

  + Ganz meinerseits. (저야 말로 반갑습니다.)

  + Erfreut, Sie kennen zu lernen. (만나서 반갑습니다.)

사람을 소개 받았을 때 할 수 있는 간단한 표현
Freut mich! (반갑습니다)
Angenehm! (반갑습니다)

- Das ist meine Frau. (이 사람이 내 아내야.)
- Mira, das ist Klaus, mein Mann. (미라야, 이 사람이 내 남편 클라우스야.)
- Kennst du schon meinen Cousin Peter? (내 사촌 페터 알아?)

  – Nein. Hallo, Peter. (아니. 안녕, 페터.)
- Ich stelle dir meine Schwester Hanna vor. (네게 내 여동생 한나를 소개할게.)

  – Hallo, Hanna! Schön, dich kennen zu lernen. (안녕, 한나. 만나서 반가워.)

- Ich möchte mich vorstellen. (제 소개를 하겠습니다.)
- Mein Name ist Klaus. (제 이름은 클라우스입니다.)
- Ich bin Deutscher und ich bin Lehrer. (저는 독일사람이고, 교사입니다.)

Ⅰ. 소개하는 대화의 빈칸을 채워보세요.

A : _________ du den Jungen? (너 저 남자애 알아?)

B : Ja, _________ ist Martin. (응, 마틴이야.)

Ich stelle dir Martin vor. Er ist sehr sympathisch.
(네게 마틴을 소개해 줄게. 쟤는 아주 괜찮아.)

B : Martin, _________ ist meine Freundin Mira.
(마틴, 여기는 내 친구 미라야.)

A : _________ mich. (반가워.)

C : Ganz _________________. (나야 말로 반가워.)

Ⅱ. 다음 우리말을 독일어로 표현해 보세요.

(1) 이 사람은 내 친구 페터다.

____

(2) 만나서 반갑습니다.

____

(3) 저도 반갑습니다.

____

(4) 제 소개를 하겠습니다.

____

(5) 저는 한국에서 왔고, 독일어를 공부합니다.

____

03

이름과 주소 묻고 답하기 (nach Namen und Adresse fragen)

Wie heißen Sie? (이름이 어떻게 되세요?)
Ich heiße Klaus Gerhard. (제 이름은 클라우스 게르하르트입니다.)
Gerhard ist mein Nachname. (게르하르트가 성입니다.)
Wie schreibt man Ihren Nachnamen? (성의 철자 좀 말해주시겠어요?)
Gerhard, G-e-r-h-a-r-d. (게르하르트, 게, 에, 에르, 하, 아, 에르, 데)
Wie lautet Ihre Adresse? (당신의 주소는요?)

어떻게 wie

철자를 쓰다 schreiben, buchstabieren

이름 der Name

성(姓) der Nachname, der Familienname

내 이름이 ~이다 Ich heiße ~, Mein Name ist ~

주소 die Adresse

나의 / 당신의 Mein- / Ihr-

–Wie heißt du? (너 이름이 뭐야?)

–Ich heiße Petra. Und du? (페트라야. 너는?)

–Ich heiße Markus. (나는 마르쿠스야.)

–Wo wohnst du? (너는 어디 사니?)

–Ich wohne in der Nähe des Rathauses.
(나는 시청 근처에 살아.)

봉투 der Briefumschlag / das Kuvert

발신인 der Absender

우표 die Briefmarke

Mira Kang
Park Apt. 202－1103, Imun Dong
Dongdaemun-gu, Seoul, Korea

발신인 주소 die Adresse
des Absenders

수신인 der Empfänger

Klaus Meyer
Holbeinstr. 14
번지수 die Hausnummer

거리이름 der Straßenname

04229 Leipzig, Germany

수신인 주소 die Adresse
des Empfängers

■ 독일어에서는 거리 이름과 번지수를 먼저 쓰고, 그 다음 줄에 우편번호와 도시명, 국가명을 쓴다.

~라고 하다 heißen	나는 (이름이) ~라고 한다 Ich heiße ~
살다 wohnen	어디 wo
그/그녀는 (이름이) ~라고 한다 Er/Sie heißt ~	
가까이 in der Nähe+von 명사/2격명사 (↔ weit entfernt von … …에서 멀리 떨어져)	

- Wie heißen Sie? (이름이 뭐예요?)

  -Ich heiße Dongsu Kim. / Mein Name ist Dongsu Kim.
   (제 이름은 김동수입니다.)

- Ist Kim Ihr Nachname? (김이 성인가요?)

  -Ja, Kim ist mein Nachname. (예, 김이 제 성입니다.)

  -Wie schreibt man Ihren Vornamen? (당신 이름은 어떻게 씁니까?)

  -Dongsu, D-o-n-g-s-u. (동수, 데-오-엔-게-에스-우.)

- Ich heiße Yumi. Wie heißt du?
  (내 이름은 유미야. 너의 이름은?)

  -Ich heiße Anne, Anne Heinemann. (내 이름은 안네야. 안네 하이네만.)

- Ist Anne dein Vorname? (안네가 (성이 아니고) 이름이니?)

- Ja, Anne ist mein Vorname. (응, 안네가 내 이름이야.)

- Wie heißt der Mann? (저 남자 이름이 뭐지?)

  -Sein Vorname ist 'Klaus' und sein Familienname ist 'Heinemann'.
   (그의 이름은 '클라우스'이고, 그의 성은 '하이네만'이다.)

  -Er heißt mit Vornamen 'Klaus' und mit Familiennamen 'Heinemann'.
   (그는 이름이 '클라우스'이고, 성은 '하이네만'이다.)

- Wo wohnen Sie? (어디 사세요?)

- Ich wohne in Berlin. (베를린에 삽니다.)

- Wo wohnst du? (어디 사니?)

- Ich wohne in Jamsil. (잠실에 살아.)

  ■ 도시이름(고유명사) 앞에는 관사를 사용하지 않음.

- Wohnen Sie weit von hier? (여기에서 먼 곳에 사십니까?)

  - Nein, ich wohne in der Nähe von hier. Es ist zehn Minuten zu Fuß.
   (아니요. 근처에 살아요. 걸어서 10분 거리입니다.)

• Ich wohne in München. Und Sie? (저는 뮌헨에 삽니다. 당신은요?)

  – Ich wohne in Seoul, Südkorea. Jetzt mache ich in Heidelberg Urlaub.
   (전 대한민국의 서울에 살아요. 지금은 하이델베르크에서 휴가를 보내고 있습
   니다.)

• Wie ist Ihre Adresse? (주소가 어떻게 되시죠?)

  – Goethestr. 23. (괴테 거리 23번지요.)

Ⅰ. 대화를 완성해 보세요.

(1) Wie __________ Sie?

(당신의 이름은요?)

Ich __________ Felix.

(제 이름은 펠릭스입니다.)

(2) Wo __________ du?

(넌 어디서 사니?)

Ich __________ in der Nähe der Bäckerei.

(난 빵집 가까이 살아.)

(3) __________ ist deine Adresse?

(네 집 주소는 어떻게 되니?)

__________ Adresse ist Mozartstr. 35.

(모차르트 거리 35번지야.)

(4) __________ ist dein Name?

(네 이름은 뭐지?)

__________ Name ist Minho Park. Park ist mein Nachname.

(내 이름은 박민호이고, 성은 박이야.)

이름과 성

독일어에서는 이름을 먼저 쓰고 성을 뒤에 쓴다. 이름은 대체적으로 기존의 이름 중에서 골라서 사용하는 경향이 강하다. 독일어의 성은 직업명칭, 부모의 이름, 사람의 특성, 출신지 등과 같은 것에서 연유한다.

직업 명칭에서 유래한 성

Müller ← der Müller 방앗간에서 일하는 사람
Schmidt (Schmied) ← der Schmied 대장장이
Schneider ← der Schneider 재단사
Fischer ← der Fischer 어부   Weber ← der Weber 직조공
Becker (Bäcker) ← der Bäcker 제빵사   Schäfer ← der Schäfer 양치기

특성에서 유래한 성

Klein ← klein (키가) 작은   Groß ← groß (키가) 큰
Braun ← braun (머리 색이) 갈색인   Schwarz ← schwarz 검은
Kühn ← kühn 용감한   Fromm ← fromm 경건한

출신지에서 유래한 성

Brandenburg ← Brandenburg (독일 북동부에 있는 주 이름)
Hess(e) ← Hessen (독일 중부의 남서쪽에 있는 주 이름)

Die beliebtesten Vornamen in den Jahren 2000 bis 2009 (2000–2009년의 가장 인기 있었던 이름)　　　　Quelle:www.beliebte-vornamen.de

	Frauen	Männer
1.	Anna	Lucas / Lukas
2.	Hannah / Hanna	Leon
3.	Lea / Leah	Tim / Timm
4.	Leonie	Luca / Luka
5.	Lena	Finn / Fynn
6.	Lara	Jonas
7.	Laura	Jan
8.	Sarah / Sara	Niclas / Niklas
9.	Marie	Felix
10.	Emily / Emilie	Paul

- Stefan ist Deutscher. (슈테판은 독일 사람입니다.)

- Ich habe ihn als Brieffreund kennen gelernt.
  (저는 그를 펜팔로 알게 되었습니다.)

- Er wohnt mit seinen Eltern in den USA / in den Vereinigten Staaten.
  (그는 부모님과 미국에서 살고 있습니다.)

- Er spricht Deutsch und Englisch. (그는 독일어와 영어를 말합니다.)

■ sprechen + 무관사 + 언어명

- Das ist Felix. Er ist Deutscher.
  (이 사람은 펠릭스라고 합니다. 그는 독일 사람입니다.)

- Er wohnt in Bonn. (그는 본에 살고 있습니다.)

- Er spricht Deutsch. (그는 독일어를 말합니다.)

- Anja ist Österreicherin. (안야는 오스트리아 사람입니다.)

- Sie wohnt in Wien. (그녀는 빈이 삽니다.)

- Sie spricht Deutsch. (그녀는 독일어를 말합니다.)

- Herr und Frau Limbach sind Schweizer. (림바흐 부부는 스위스 사람입니다.)

- Sie wohnen in Bern. (그들은 베른에 삽니다.)

- Sie sprechen Deutsch und Französisch.
  (그들은 독일어와 프랑스어를 말합니다.)

- Yuna ist Koreanerin. (유나는 한국 사람입니다.)

- Sie wohnt in Südkorea. (그녀는 대한민국에 살고 있습니다.)

- Sie spricht Koreanisch und Deutsch. (그녀는 한국어와 독일어를 합니다.)

국가(der Staat)	국적(die Staatsangehörigkeit)	언어(die Sprache)
	• Araber/-in 아랍인	Arabisch
Argentinien 아르헨티나	Argentinier/-in	Spanisch
Australien 호주	Australier/-in	Englisch
Brasilien 브라질	Brasilianer/-in	Portugiesisch
Chile 칠레	Chilene/Chilenin	Spanisch
China 중국	Chinese/Chinesin	Chinesisch
Deutschland 독일	Deutscher/Deutsche	Deutsch
England 영국	Engländer/-in	Englisch
Frankreich 프랑스	Franzose/Französin	Französisch
Griechenland 그리스	Grieche/Griechin	Griechisch
Großbritannien 대영제국	Brite/Britin	(britisches) Englisch
Holland 네덜란드	Holländer/-in	Holländisch
Indien 인도	Inder/-in	Hindi, Englisch

Irland 아일랜드	Ire/Irin, Irländer/-in	Gälisch (Irisch)
Israel 이스라엘	Israeli	Hebräisch
Italien 이탈리아	Italiener/-in	Italienisch
Japan 일본	Japaner/-in	Japanisch
Kanada 캐나다	Kanadier/-in	Englisch, Französisch
Kolumbien 콜롬비아	Kolumbianer/-in	Spanisch
Luxemburg 룩셈부르크	Luxemburger/-in	Deutsch, Französisch Lëtzebuergesch
Marokko 모로코	Marokkaner/-in	Arabisch
Mexiko 멕시코	Mexikaner/-in	Spanisch
Niederlande 네덜란드	Niederländer/-in	Niederländisch
Norwegen 노르웨이	Norweger/-in	Norwegisch
Österreich 오스트리아	Österreicher/-in	Deutsch
Peru 페루	Peruaner/-in	Spanisch
Polen 폴란드	Pole/Polin	Polnisch
Portugal 포르투갈	Portugiese/Portugiesin	Portugiesisch
Russland 러시아	Russe/Russin	Russisch
Schweden 스웨덴	Schwede/Schwedin	Schwedisch
die Schweiz 스위스	Schweizer/-in	Deutsch, Französisch Italienisch
Spanien 스페인	Spanier/-in	Spanisch
Tschechien 체코	Tscheche/Tschechin	Tschechisch
die Türkei 터키	Türke/Türkin	Türkisch
die USA 미국	Amerikaner/-in	(amerikanisches)Englisch
die Vereinigten Staaten 미국	Amerikaner/-in	(amerikanisches)Englisch

	wohnen	sein	gehen
1인칭 단수 ich	wohne	bin	gehe
2인칭 단수 du	wohnst	bist	gehst
3인칭 단수 er/sie/es	wohnt	ist	geht
1인칭 복수 wir	wohnen	sind	gehen
2인칭 복수 ihr	wohnt	seid	geht
3인칭 복수 sie	wohnen	sind	gehen
격식칭 단 · 복수 Sie	wohnen	sind	gehen

국가 명칭은 보통 관사 없이 사용되지만, 일부는 관사를 취한다.

		여성 취급 국가	남성 취급 국가	복수형
Ich wohne	in Korea	in der Schweiz	im Irak	in den Vereinigten Staaten
Ich bin	in Korea	in der Türkei	im Iran	in den Niederlanden
Ich gehe	nach Korea	in die Schweiz	in den Irak	in die USA

- Er ist in Deutschland. (그는 독일에 있다.) 〈관사 없음〉

- Ich wohne in Korea/in Japan. (나는 한국에/일본에 산다.) 〈관사 없음〉

- Du wohnst im Iran/im Irak. (너는 이란에/이라크에 산다.) 〈남성 취급〉

- Sie wohnt in den USA/in den Niederlanden. (그녀는 미국에/네덜란드에 산다.) 〈복수 취급〉

- Sie wohnen in der Türkei/in der Schweiz. (그들은 터키에/스위스에 산다.) 〈여성 취급〉

- Sie geht nach Österreich. (그녀는 오스트리아로 간다.)

- Wir gehen in die Schweiz/in die Türkei. (우리는 스위스로/터키로 간다.) 〈여성 취급〉

- Ihr geht in den Irak/in den Iran. (너희들은 이라크/이란으로 간다.) 〈남성 취급〉

- Ich lebe auf den Philippinen. (나는 필리핀에 산다.) 〈복수 취급〉

- Er fliegt auf die Philippinen. (그는 비행기로 필리핀으로 간다.) 〈복수 취급〉

- Sie kommt aus den Philippinen. (그녀는 필리핀에서 왔다.) 〈복수 취급〉

- die Welt 세계
- Amerika 아메리카

  Nordamerika 북아메리카   Zentralamerika/Mittelamerika 중앙아메리카

  Südamerika 남아메리카
- Europa 유럽

  Nordeuropa 북유럽   Südeuropa 남유럽

  Osteuropa 동유럽   Westeuropa 서유럽

  Mitteleuropa 중부 유럽
- Afrika 아프리카
- Asien 아시아

  Ostasien 동아시아   Nordostasien 동북아시아

  Südasien 남아시아
- Australien 오스트레일리아

- Woher kommen Sie? (어디 출신이십니까?)

  –Ich komme aus Korea. (한국에서 왔습니다.)
- Welche Staatsangehörigkeit haben Sie? (국적은 어디십니까?)

  –Ich habe die koreanische Staatsangehörigkeit.
   (한국 국적을 가지고 있습니다.)

  –Ich bin Koreaner. (한국 사람입니다.)

- Er ist Deutscher. (그는 독일 사람입니다.)
- Sie ist Schweizerin. (그녀는 스위스 사람입니다.)
- Wir sind Österreicher. (우리는 오스트리아 사람들입니다.)

Dialog

(Ansgar ist Deutscher und Toshiko ist Japanerin. Sie wohnen in Korea. Mira stellt Ansgar Toshiko vor. 안스카는 독일남자이고, 도시코는 일본여자이다. 그들은 한국에 산다. 미라가 안스가에게 도시코를 소개한다.)

Mira : Ansgar! Das ist Toshiko. Sie ist Japanerin.
(안스가! 이쪽은 도시코야. 일본사람이지.)

Ansgar : Hallo, Toshiko. Freut mich. Ich bin Deutscher.
(안녕, 도시코. 반가워. 난 독일사람이야.)

Toshiko : Freut mich, Ansgar. Ich spreche weder Deutsch noch Koreanisch gut.
(반가워, 안스가. 난 독일어도 잘 못하고 한국어도 잘 못해)

Ansgar : Kein Problem. Ich spreche kein Wort Koreanisch.
(오. 괜찮아. 난 한국어를 전혀 못하는데.)

Wenn du Deutsch lernen möchtest, werde ich dir helfen.
(네가 독일어를 공부하고 싶다면, 내가 도와줄게.)

weder ~ noch ~ : ~도 아니고 ~도 아니다

• Sind Sie Japanerin? (일본 사람이세요?)

 –Nein. Ich bin Amerikanerin koreanischer Abstammung.
 (아니요. 전 한국계 미국인입니다.)

• Ich bin Deutscher. (전 독일 사람입니다.)

 Sie sprechen sehr gut Deutsch. (독일어를 아주 잘하시는 군요.)

 –Ich bin Deutschlehrerin. (저는 독일어 선생입니다.)

• Ach so! (아 그렇군요.)

Ⅰ. 라이프치히에 사는 한국인 강미라가 비자를 신청하는 상황입니다. 대화를 완성시켜 봅시다.

Beamter : (1) ____.
(이름이 어떻게 되세요?)

Mira : Ich heiße Mira Kang. (제 이름은 강미라입니다.)

Beamter : Woher kommen Sie? (어디에서 오셨습니까?)

Mira : (2) ____.
(한국에서 왔습니다.)

Beamter : Was machen Sie? (어떤 일에 종사하세요?)

Mira : Ich bin Studentin.(전 학생입니다.)

Beamter : (3) ____.
(어디 사세요?)

Mira : Ich wohne in der Beethovenallee 17.
(전 베토벤알레 17번지에 삽니다.)

Ⅱ. 다음 우리말을 독일어로 표현해 보세요.

(1) 저는 한국 사람입니다.

____

(2) 저는 한국에서 삽니다.

____

(3) 저는 독일어를 말합니다.

____

(4) 그녀는 한국계 미국인입니다.

____

(5) 그녀는 독일어 선생입니다.

____

직업(der Beruf)

남자가수 der Sänger
여자가수 die Sängerin
여자 댄서 die Tänzerin
여자 아나운서 die Ansagerin
남자 댄서 der Tänzer
의사 der Arzt
남자 아나운서 der Ansager
우체부 der Briefträger
간호사 die Krankenschwester
판사 der Richter
택시 운전사 der Taxifahrer
경찰 der Polizist
미용사 die Friseuse/Frisöse
스튜어디스 die Stewardess
축구선수 der Fußballspieler
농부 der Bauer/der Landwirt

Der Ärztekongress
(의사 심포지움)

신경과의사 der Neurologe   피부과의사 der Hautarzt   수의사 der Tierarzt

가사도우미 die Putzfrau	배우(여) die Schauspielrin
가수 der Sänger	버스기사 der Busfahrer
건축가 der Architekt	번역사 der Übersetzer
건축인부 der Bauarbeiter	변호사 der Rechtsanwalt
검사 der Staatsanwalt	보석세공인 der Juwelenschleifer
경비원/관리원 der Wächter/der Hausmeister	부동산 중계인 der Makler
경찰관 der Polizist	비서 der Sekretär
공무원 der Beamte	빵집 주인 der Bäckereibesitzer
공증인 der Notar	사서 der Bibliothekar
과일장수 der Obsthändler	사진사 der Fotograf
과학자 der Naturwissenschaftler	사장 der Präsident / der Chef
교사 der Lehrer	상인 der Händler
교수 der Professor	생선장수 der Fischhändler
구두장인 der Schuster	선원 der Seemann/der Matrose
군인 der Soldat	소방관 der Feuerwehrmann
기술자 der Mechaniker	승무원 der Steward/die Stewardess
꽃장수 der Blumenhändler	신부 der Priester
노동자 der Arbeiter	심판 der Schiedsrichter
농부 der Bauer/der Landwirt	안경사 der Optiker
대통령, 의장 der Präsident	약사 der Apotheker
대학생 der Student	어부 der Fischer
디자이너 der Designer	언론인 der Journalist
목수 der Tischler	엔지니어 der Ingenieur
무용가 der Tänzer	여자 재봉사 die Näherin
만화가 der Comiczeichner	여행가이드 der Reiseleiter
모델 das Model	여행사 직원 der Reisebüroangestellte
목사 der Pfarrer	예술가 der Künstler
바텐더 der Barmann	요리사 der Koch
배관공 der Klempner	우체부 der Briefträger
배우(남) der Schauspieler	운동선수 der Profisportler

원예가 der Florist	종업원 der Angestellte
원예사 der Gärtner	직원 der Angestellte/der Mitarbeiter
웨이터 der Kellner/der Ober	초등학교 교사 der Grundschullehrer
유치원보모 die Kindergärtnerin	초등학생 der Grundschüler
은행원 der Bankangestellte	탐정 der Detektiv
음악가 der Musiker	택시기사 der Taxifahrer
이발사 der Friseur/der Frisör	통역사 der Dolmetscher
자동차 정비공 der Automechaniker	파일럿 der Pilot
작가 der Schriftsteller	편집자 der Redakteur
장관 der Minister	포도주감별사 der Sommelier
재단사 der Schneider	피부관리사 die Kosmetikerin
전기기사 der Elektriker	피아니스트 der Pianist
점원 der Verkäufer	학생 der Schüler
접수원 der Rezeptionist	화가 der Maler
정보처리기사 der Informatiker	화물차기사 der Lkw-Fahrer
정비사 der Mechaniker	환경미화원 der Raumpfleger
정원사 der Gärtner	회사원 der Firmenangestellte
정육점 주인 der Metzger	회계사 der Buchhalter
조각가 der Bildhauer	

- Was sind Sie von Beruf? / Was machen Sie beruflich? (직업이 뭔가요?)
  - Ich bin Lehrer. (저는 교사입니다.)

- Wo arbeiten Sie? (어디서 일하십니까?)
  - Ich arbeite bei Samsung. (저는 삼성에서 일합니다.)

Ⅰ. 맞는 단어를 골라보세요.

    (1) Der Arzt arbeitet ______________.

       ① im Hotel   ② im Krankenhaus

    (2) Der Pilot arbeitet ______________.

       ① im Bus   ② im Flugzeug

    (3) Der Bauer arbeitet ______________.

       ① in der Bibliothek   ② auf dem Feld

Ⅱ. 다음 인물들의 직업은 무엇일까요?

    (1) Er fährt einen Bus. Er ist ______________.

    (2) Sie lehrt die Schüler. Sie ist ______________.

    (3) Sie verkaufen Blumen. Sie sind ______________.

    (4) Er behandelt die Kranken. Er ist ______________.

    (5) Er arbeitet bei einer Firma. Er ist ______________.

Ⅲ. 다음 우리말을 독일어로 옮기세요.

    (1) 직업이 무엇입니까?

    (2) 저는 은행에서 일합니다.

    (3) 저는 회사 직원입니다.

    (4) 저는 외과의사입니다.

    (5) 저는 대학생입니다.

06 신체(der Körper)와 건강(die Gesundheit)

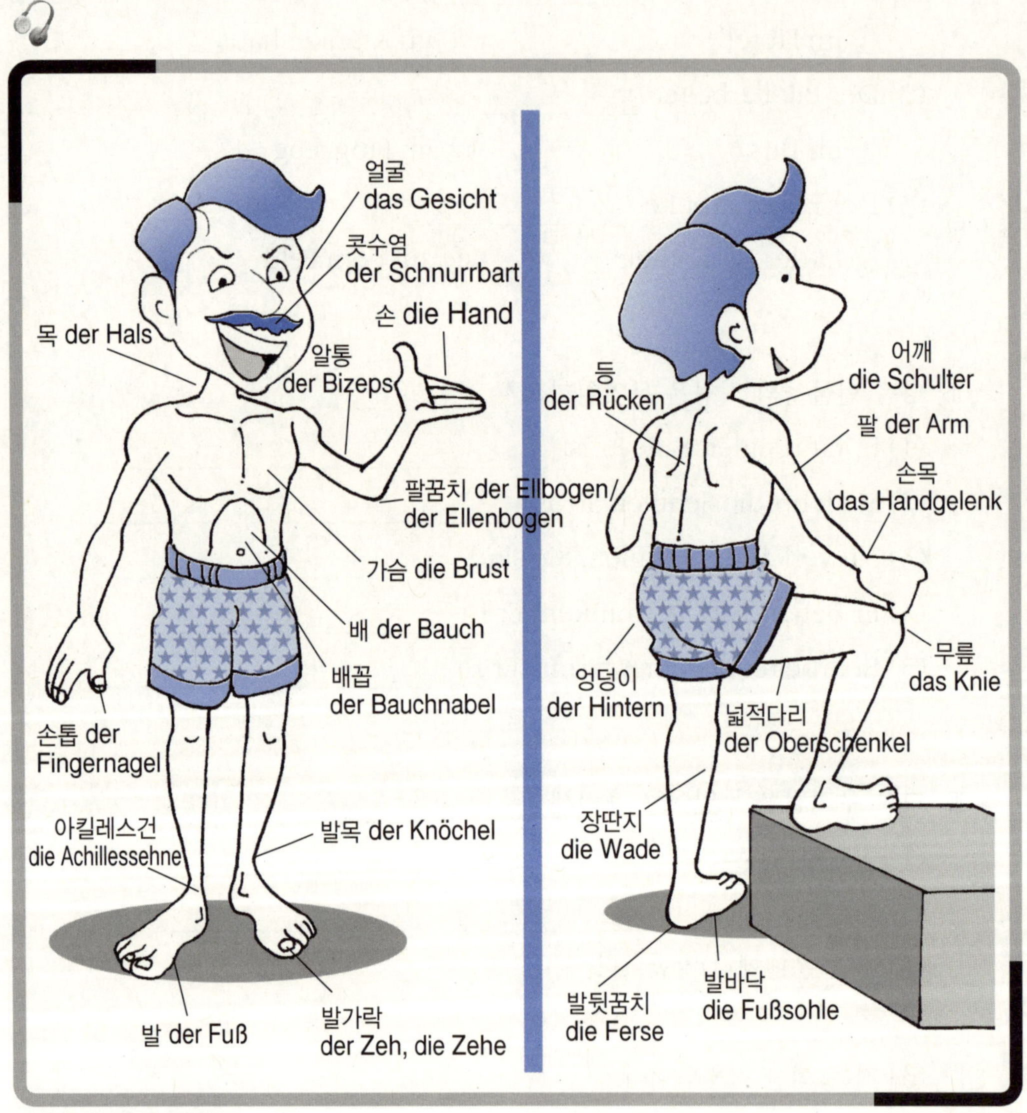

신체 묘사

키 큰 groß	키 작은 klein	건장한 stattlich
살찐 dick	비만한 fett	포동포동한 drall, mollig
마른 mager	날씬한 schlank	삐삐한 dünn
해골처럼 마른 bis aufs Skelett abgemagert		

피부 die Haut	근육 der Muskel	뼈 der Knochen
힘줄 die Sehne	심장 das Herz	피 das Blut
동맥 die Arterie	정맥 die Vene	뇌 das Gehirn
목구멍 der Rachen	기관지 die Bronchie	간 die Leber
소장 der Dünndarm	장 der Darm	대장 der Dickdarm
맹장 der Blinddarm	방광 die Blase	신경 der Nerv
위 der Magen	척추 die Wirbelsäule	폐 die Lunge

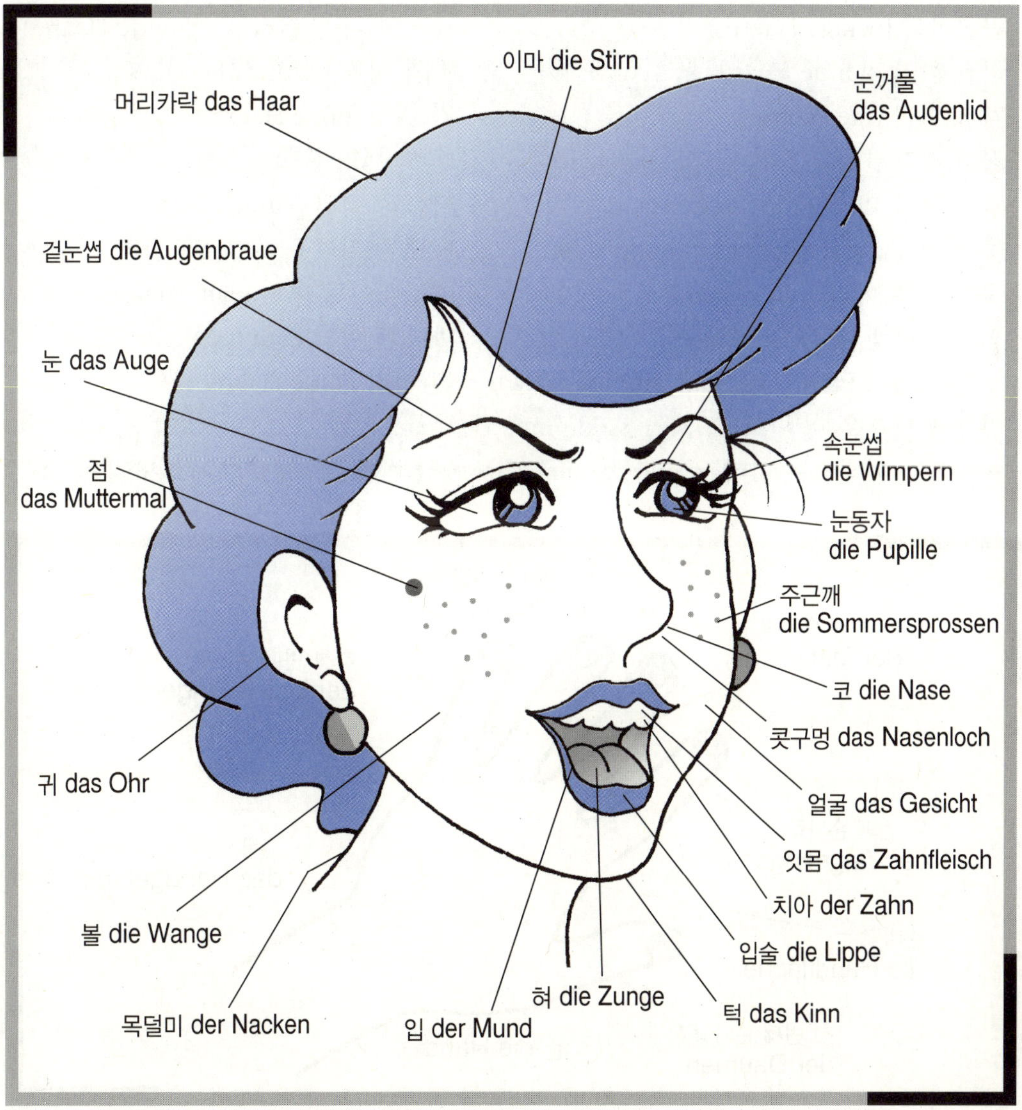

뾰족한 코 eine spitze Nase	들창코 die Stupsnase
주먹코 die Knollennase	메부리코 die Hakennase
가늘게 찢어진 눈 die Schlitzaugen	숱이 많은 눈썹 buschige Augenbrauen
부은 얼굴 ein geschwollenes Gesicht	통통한 얼굴 ein volles Gesicht
슬픈 얼굴 ein trauriges Gesicht	밝은 얼굴 ein helles/strahlendes Gesicht
움푹 들어간 눈 die Schlupfaugen / die tiefliegenden Augen	

 머리 스타일 표현

곱슬머리 lockige Haare	광택이 나는 머리 glänzende Haare
금발 머리 blonde Haare	갈색 머리 braune Haare
빨간 머리 rote Haare	긴 머리 lange Haare
끝이 갈라진 머리카락 gesplisste Haare	대머리 die Glatze
땋아 늘인 머리 geflochtene Haare	기름진 머리 fettige Haare
묶은 머리 zusammengebundene Haare	뻣뻣한 머리 borstige Haare
숱이 많은 머리 volles Haar	스트레이트 머리 glatte Haare
염색한 머리 gefärbte Haare	파마한 머리 dauergewellte Haare
푸석한 머리 kraftloses Haar, stumpfes Haar	흰 머리 graue Haare
앞으로 드리운 머리 in die Stirn gekämmte Haare	
어깨까지 내려오는 머리 schulterlange Haare	* … Haare의 경우 단수형태 Haar를 사용할 수도 있음.

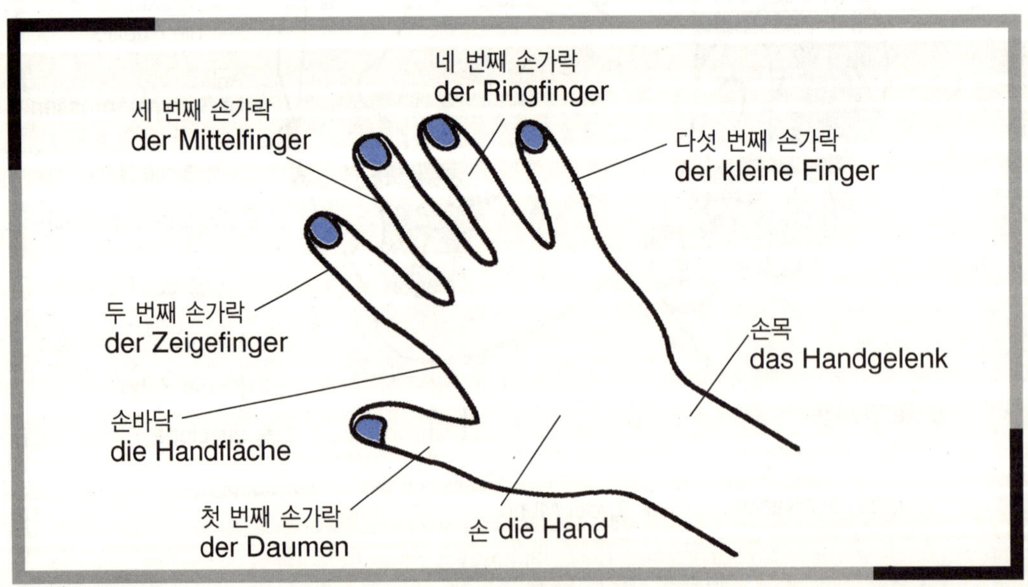

간호 die Krankenpflege	피검사 die Blutuntersuchung
변검사 die Stuhluntersuchung	소변검사 die Urinuntersuchung
구급 der Notfall	구급차 der Notfallwagen
마취 die Narkose/die Betäubung	인공호흡 die künstliche Beatmung
혈압 der Blutdruck	X선 사진 die Röntgenaufnahme
혈액형 die Blutgruppe	

 아픈 곳 묻고 답하기

- Was fehlt Ihnen? / Was kann ich für Sie tun? 〈의사가 하는 말〉
  (어디가 아프세요? / 어떻게 오셨습니까?)

- Wo haben Sie Schmerzen? (어디에 통증을 느끼세요?)

- Was für Beschwerden haben Sie? (어떻게 불편하십니까?)

난 ~가 아프다
- Ich habe 〈관사 없이〉 〈신체일부〉 schmerzen.
- Mir tut/tun+ 〈신체일부〉 + weh
  ※ 주어가 단수이면 tut, 복수이면 tun임.

- Ich habe Bauchschmerzen / Rückenschmerzen / Kopfschmerzen /
  Schulterschmerzen. (나는 배가 / 허리가 / 머리가 / 어깨가 아파요.)

- Mir tut der Bauch / der Rücken / der Kopf / die Schulter weh.
  (나는 배가 / 허리가 / 머리가 / 어깨가 아파요.)

- Sarah hat Kopfschmerzen. / Sarah tut der Kopf weh. (사라는 두통이 있다.)

- Ich habe Fieber und Husten. (난 열이 나고 기침을 한다.)

- Ich habe mir das Handgelenk verstaucht. (난 팔목을 뺐다.)

- Felix hat sich den Knöchel verstaucht. (펠릭스는 발목을 뺐다.)

- Sie hat sich den Arm gebrochen. (그녀는 팔을 부러뜨렸다.)

- Ich habe mir in den Finger geschnittten. (나는 손가락을 베었다.)

- Ich blute. (나는 피를 흘린다.)

- Ich habe Verdauungsprobleme. (나는 소화불량이다.)

• der Kopf (머리)

  – Mein Kopf platzt gleich. (머리가 금방 터질 것 같아.)

  – Er ist ein kluger Kopf. (그는 영리한 사람이다.)

  – Du musst einen kühlen Kopf bewahren. (너는 냉철한 머리를 가져야 한다.)

  – Sie dürfen in dieser Krise nicht den Kopf verlieren.
   (이 위기 상황에서 냉정을 잃어서는 안 됩니다.)

• das Auge, die Augen (눈)

  – Meine Augen brennen. (눈이 따갑다.)

  – Er hat ein Auge auf sie geworfen. (그가 그녀에게 눈독을 들였다.)

  – Die beiden Präsidenten haben ein Gespräch unter vier Augen geführt.
   (두 대통령은 단독회담을 하였다.)

  – Ich habe ihn völlig aus den Augen verloren.
   (나는 그 사람과 연락이 완전히 끊겼다.)

• das Blut (피)

  – Er hat heißes Blut. (그는 다혈질이다.)

• die Nase (코)

  – Meine Nase tropft. (콧물이 난다.)

  – Meine Nase ist verstopft. (코가 막혔다.)

  – Sie ist sehr hochnäsig. (그녀는 콧대가 높다.)

• die Zunge (혀)

  – Er hat eine böse/giftige Zunge. (그는 독설가이다.)

  – Er hat eine spitze Zunge. (그는 비판적이다.)

• die Hand (손)

  – Als er den Räuber sah, hat er die Beine in die Hand genommen.
   (그 강도를 보자, 그는 걸음아 날 살려라 하고 줄행랑을 쳤다.

  – Ich habe alle Hände voll zu tun. (나는 정신없이 바쁘다.)

• der Arm (팔)

  – Er hat dich auf den Arm genommen. (그가 너를 가지고 놀았다.)

• der Magen (위)

  – Das Problem schlägt mir auf den Magen. (그 문제가 내 마음에 걸린다.)

- **das Gehör** 청력

  - Meine Großmutter kann nicht mehr gut hören.
    (할머니는 더 이상 잘 듣지 못하신다.)

  - Meine Großmutter hat ein schwaches Gehör.
    (할머니는 청력이 좋지 않다.)

- **das Sehvermögen/die Sehkraft** 시력

  - Mein Großvater kann noch sehr gut hören und sehen.
    (할아버지는 아직 잘 듣고 보신다.)

  - Seine Sehkraft ist noch sehr gut.
    (그의 시력은 아직 아주 좋다.)

- **der Geruchssinn** 후각

  - Hunde können sehr gut riechen.
    (개들은 냄새를 매우 잘 맡는다.)

  - Sie hat einen ausgeprägten Geruchssinn.
    (그녀는 후각이 잘 발달되어 있다.)

  - Riech mal. Diese Rose duftet sehr schön.
    (냄새 좀 맡아봐. 이 장미 향기가 매우 좋다.)

- **der Geschmackssinn** 미각

  - Meine Mutter hat eine feine Zunge. Sie kann alles schmecken.
    (어머니는 혀가 아주 예민하시다. 모든 맛을 잘 알아내신다.)

  * 식당에서 종업원이 손님에게 식후에 하는 말

  - Hat es (Ihnen) geschmeckt? (맛있었습니까?)

  - Ja, danke. (네, 감사합니다.)

- **der Tastsinn** 촉각

  - Meine Finger sind taub vor Kälte. Ich fühle nichts mehr.
    (나는 추워허 손가락의 감각이 무뎌졌다. 아무것도 느낄 수가 없어.)

  - Ich habe mich in der Dunkelheit an der Wand entlang getastet und
    den Lichtschalter entdeckt.
    (나는 어둠 속에서 벽을 더듬어가다 스위치를 발견했다.)

  - Das Kind ist schwer behindert. Es kann nicht sehen und nichts spüren.

(그 아이는 중증 장애를 가지고 있다. 보지도 못하고 아무것도 느끼지 못한다.)

• das Empfinden (감각)

   –Ich habe ein schwaches Empfindungsvermögen.
    (나는 감각이 무디다.)

   –Er hat ein ausgeprägtes ästhetisches Empfinden.
    (그는 미적(美的) 감각이 뛰어나다.)

   –Das Kind hat kein Farbempfinden.
    (이 아이는 색체(色體)에 대한 감각이 없다.)

맛(der Geschmack)

단 süß	짠 salzig	신 sauer
쓴 bitter	매운 scharf	맛없는, 무미한 fade

병(die Krankheit)

간질 die Epilepsie	감기 die Erkältung
코감기 der Schnupfen	경련 der Krampf
골절 der Knochenbruch	뇌졸중 der Schlaganfall/die Gehirnblutung
당뇨 die Zuckerkrankheit/die Diabetes	독감 die Grippe
발열 das Fieber	발진 der Ausschlag
베인 상처 die Schnittwunde	상처 die Wunde
수두 die Windpocken	습진 das Ekzem
암 der Krebs	알레르기 die Allergie
에이즈 das Aids	염좌 die Verstauchung, die Verzerrung
염증 die Entzündung	오한 der Schüttelfrost
이하선염 der Mumps	천식 das Asthma
충치 der faule Zahn	치석 der Zahnbelag
편두통 die Migräne	편도선염 die Mandelentzündung
맹장염 die Blinddarmentzündung	화상 die Verbrennung
동상 die Erfrierung	홍역 die Masern
폐렴 die Lungenentzündung	결막염 die Bindehautentzündung

 ## 약(das Medikament/das Arzneimittel)

처방전 das Rezept	비타민 das Vitamin	철분 das Eisen
칼슘 das Kalzium	인슐린 das Insulin	백신 der Impfstoff
기침약 das Erkältungsmittel	멀미약 ein Mittel gegen Reiseübelkeit	
진정제 das Beruhigungsmittel	진통제 das Schmerzmittel	
항생제 das Antibiotikum	소염제 das entzündungshemmende Mittel	
수면제 das Schlafmittel	아스피린 das Aspirin	젤 das Gel
주사 die Spritze	시럽 der Saft	알약 die Tablette
약용 크림 die Salbe	연고 die Salbe	좌약 das Zäpfchen
캡슐 die Kapsel		

Sie hebt die Arme.
(팔을 든다.)

Sie spreizt die Beine.
(다리를 벌리고 서있다.)

Sie beugt sich nach vorn.
(허리 앞으로 구부린다.)

Sie hebt ein Bein hoch.
(한쪽 다리를 들어 올린다.)

Sie streckt die Arme zur Seite./
Sie breitet die Arme aus.
(팔을 옆으로 펼친다.)

Sie hebt die geschlossenen
Beine an. (다리를 모아 든다.)

Sie dreht den Kopf im Kreis.
(머리를 한 바퀴 돌린다.)

Sie senkt den Kopf.
(머리를 숙인다.)

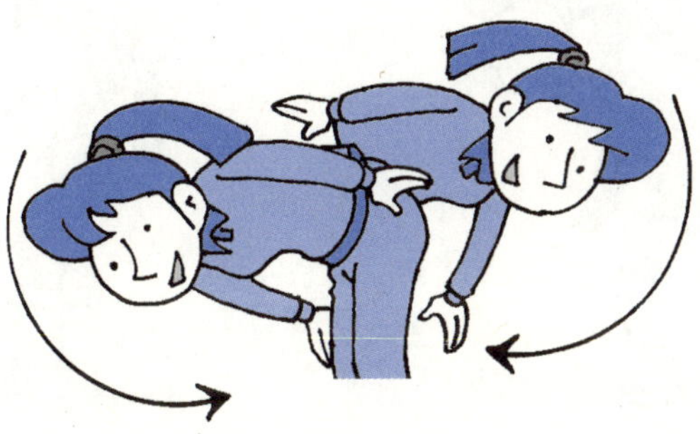

Sie beugt den Oberkörper nach rechts und links.
(상체를 오른쪽과 왼쪽으로 숙인다.)

Sie legt sich hin. (눕는다.)

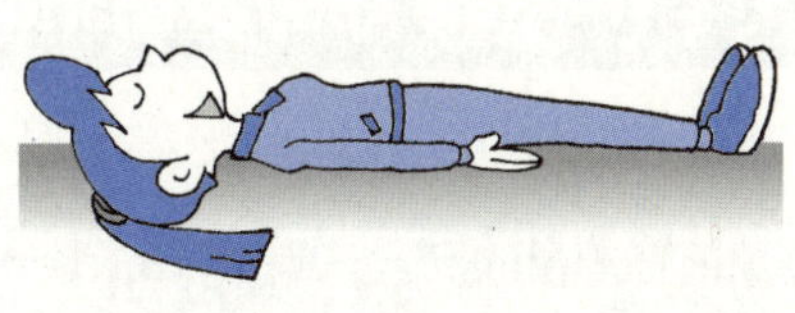

Sie liegt. (누워있다.)

Sie steht auf. (일어선다.)

Sie steht. (서 있다.)

Sie setzt sich. (앉는다.)

Sie sitzt. (앉아 있다.)

 ## 약국 판매점(die Apothekenartikel)

소독약 das Desinfektionsmittel		일회용 밴드 das Pflaster
반창고 das Heftpflaster	붕대 der Verband	부목 die Schiene
깁스 der Gips	목발 die Krücke	거즈 die Gaze
탄력붕대 ein elastischer Verband		선크림 die Sonnencreme
방충제 das Insektizid	탈취제 das Deodorant	생리대 die Binde
탐폰 der Tampon	콘돔 das Kondom	피임약 die Pille

Ⅰ. 다음 대화를 완성해 보세요.

(1) Im Krankenhaus

A : Was ___________________? (어디가 아프세요?)

B : Mir tun __________ und __________ weh.

(목과 머리가 아파요.)

A : Strecken Sie bitte die __________ heraus.

(혀 좀 내밀어 보세요.)

Sie haben __________. (열이 있군요.)

B : Ich __________ auch. (기침도 합니다.)

Ich bin jetzt schwanger. (제가 지금 임신 중입니다.)

(2) In der Apotheke

A : Guten Tag. Ich habe eine _______________.

(안녕하세요. 감기에 걸렸습니다.)

Hier ist mein _______________.

(여기 처방전이 있습니다.)

B : Nehmen Sie diese Tabletten dreimal am Tag nach der Mahlzeit.

(이 알약을 하루에 3번 식후에 드세요.)

Und nehmen Sie diesen Saft, wenn Sie __________ haben.

(그리고 열이 있을 때는 이 시럽을 드세요.)

A : Alles klar. Geben Sie mir bitte auch Vitamine.

(네. 그리고 제게 비타민도 주세요.)

07 날씨 (das Wetter)

Im Frühling ist es warm.
(봄에는 따뜻하다.)
Die Blumen blühen im Frühling.
(봄에는 꽃이 핀다.)

Im Sommer ist es heiß.
(여름에는 덥다.)
Die Leute fahren an den Strand.
(사람들은 해변으로 간다.)

Im Herbst ist es kühl.
(가을에는 서늘하다.)
Die Blätter fallen.
(낙엽이 떨어진다.)

Im Winter ist es kalt.
(겨울에는 춥다.)
Man friert.
(몸이 언다.)

봄 der Frühling	여름 der Sommer	가을 der Herbst
겨울 der Winter	따뜻한 warm	추운 kalt
더운 heiß	더움 die Hitze	시원함 die Kühle
추움 die Kälte	낙엽 die gefallenen Blätter	얼다 frieren
꽃이 피다 blühen, erblühen, aufblühen		떨어지다 fallen

Es schneit stark. (눈이 많이 온다.)
Die Kinder machen eine Schneeball-
schlacht und bauen einen Schneemann.
(아이들이 눈싸움을 하고, 눈사람을 만든다.)

Es regnet stark. (비가 많이 온다.)
Es ist feucht. (날씨가 습하다.)

Der Wind weht. (바람이 분다.)
Die Leute lassen Drachen steigen.
(사람들이 연을 날린다.)

Das Wetter ist schön. (날씨가 좋다.)
Die Leute gehen spazieren.
(사람들은 산책을 한다.)

Die Sonne scheint.
(햇볕이 난다.)
Die Leute nehmen ein
Sonnenbad.
(사람들이 선탠을 한다.)

Es ist bedeckt.
(구름이 끼었다.)
Es sieht nach Regen
aus. (비가 올 것 같다.)

Die Straßen sind vereist.
/ Die Straßen sind glatt.
(길이 빙판이다./길이 미끄
럽다.)

- Wie ist das Wetter heute?
  (오늘 날씨가 어떻습니까?)

Es	schneit.	눈이 온다.	schneien
	regnet.	비가 온다.	regnen
	nieselt.	이슬비가 내린다.	nieseln
	donnert.	천둥이 친다.	donnern
	blitzt.	번개가 친다.	blitzen
	hagelt.	우박이 내린다.	hageln

- Es hat Frost gegeben. (서리가 내렸다.)

Es ist	bedeckt/bewölkt/trüb. 구름이 끼었다.	
	klar. 날씨가 맑다.	heiter. 청명하다.
	windig. 바람이 분다.	neblig. 안개가 끼었다.
	regnerisch. 비가 온다.	trocken. 건조하다.

- Die Sonne scheint. (해가 비친다.)

Es ist	heiß. 덥다.	schwül. 끈적끈적하게 무덥다.
	warm. 따뜻하다.	frisch. 신선하다.
	kühl. 쌀쌀하다.	kalt. 춥다.
	mild. 온화하다.	angenehm. 쾌적하다.

- Wie hoch ist die Temperatur? (몇 도인가요?)

  - Es sind 20 Grad. (20도입니다.)

  - Es sind 5 Grad unter null. / Es sind minus 5 Grad.
    (영하 5도입니다.)

- Wie ist die Höchsttemperatur heute? (오늘의 최고 온도가 어떻게 됩니까?)

- Die Höchsttemperatur liegt bei 33 Grad. (최고 온도는 33도입니다.)

- Die Höchsttemperatur beträgt 33 Grad. (최고 온도는 33도입니다.)

- Wie hoch ist die Tiefsttemperatur heute? (오늘의 최저 온도가 어떻게 됩니까?)

  - Die Tiefsttemperatur liegt bei minus 10 Grad. (최저 온도는 10도입니다.)

  - Die Tiefsttemperatur beträgt minus 10 Grad. (최저 온도는 10도입니다.)

■ 날씨를 나타낼 때

- Das Wetter ist + 형용사

  Das Wetter ist schön / schlecht. (날씨가 좋다 / 나쁘다.)

  Das Wetter ist windig / regnerisch. (바람이 분다 / 비가 온다.)

- Es ist + 형용사

  Es ist heiß / kalt. (덥다 / 춥다.)

  Es ist klar / bedeckt / feucht / trocken.
  (날이 맑다 / 구름이 끼었다 / 습하다 / 건조하다)

- Es + 동사

  Es weht / regnet / schneit. (바람이 분다 / 비가 온다 / 눈이 내린다.)

- Wir haben + 형용사 + Wetter

  Wir haben heute schönes / schlechtes Wetter. (오늘 날씨가 좋다 / 나쁘다.)

■ 기타 날씨 표현

- Wir haben heute schönes Wetter. / Heute ist das Wetter schön.
  (오늘은 날씨가 좋습니다.)

- Wir haben strahlenden Sonnenschein. (화창한 해가 났습니다.)

- Es ist neblig. (안개가 끼었습니다.)

- Die Sicht ist sehr schlecht. (시야가 매우 안 좋습니다.)

- Die Sichtweite beträgt 30m. (가시거리가 30미터입니다.)

- Es ist erstickend heiß. (숨 막히게 덥습니다.)

- Es ist fürchterlich/schrecklich kalt. (끔찍하게 춥다.)

- Draußen herrscht eine schneidende Kälte.
  (밖에는 살을 에는 듯한 추위가 있다.)

- Es klart auf. / Es ist aufgeklart. (날씨가 갠다. / 개었다.)

- Der Himmel ist von dunklen / schwarzen Wolken bedeckt.
  (하늘에 먹구름이 껴있다.)

기후 das Klima	비 der Regen	소낙비 der Schauer, der Regenschauer
눈 der Schnee	눈보라 der Schneesturm	천둥 der Donner
번개 der Blitz	우박 der Hagel	폭풍 der Sturm, der Windsturm

Übungen

Ⅰ. 날씨에 관한 대화 중 빈칸을 채워 넣어보세요.

(1) A : Wie __________ das Wetter heute? (오늘 날씨가 어때요?)

   B : Es sieht nach __________ aus. (비가 올 것 같아요.)

   A : Wirklich? Es gibt noch keine einzige Wolke am Himmel.
   (진짜? 아직 하늘에 구름 한점 없잖아.)

(2) A : In Seoul __________ es viel. (서울은 비가 많이 오고 있어.)

   B : Jetzt ist der Himmel in Daejeon __________.
   (지금 대전은 하늘이 맑다.)

   In einer Stunde regnet es in Seoul wahrscheinlich nicht mehr.
   (아마도 한 시간 후에는 서울에 비가 더 이상 오지 않을 거야.)

(2) A : Es __________ stark. (눈이 많이 온다.)

   Und die Straßen sind __________. (그리고 도로는 빙판이다.)

   B : Immer noch? (아직도 그렇다고?)

   In der Wettervorhersage wurde etwas ganz anderes gesagt.
   (일기예보에서 말한 것과 완전히 다르군.)

의복(die Kleidung)

소매가 짧은 kurzärmlig	소매가 긴 langärmlig
소매가 없는 ärmellos	어깨가 드러나는 schulterfrei
앞이 깊이 파인 tief ausgeschnitten	목까지 덮는 hochgeschlossen

앞치마 die Schürze	목도리 der Schal
웨딩드레스 das Hochzeitskleid	목욕가운 der Bademantel
조끼 die Weste	스키복 der Skianzug
멜빵바지 die Latzhose	핫팬티 das heiße Höschen

- 〈옷〉 anziehen : 〈옷〉을 입다

  Was willst du für die Party heute Abend anziehen?
  (오늘 저녁 파티에 무엇을 입을 거니?)
  −Ich werde ein Abendkleid anziehen. (난 이브닝드레스를 입을 거야.)

- sich anziehen : 옷을 입다

  Zieh dich an. Wir gehen gleich los. (옷을 입어라. 우리가 바로 출발할 것이다.)

- sich ausziehen : 옷을 벗다

  Ich ziehe mich aus und gehe unter die Dusche. (나는 옷을 벗고 샤워한다.)

- sich umziehen : 옷을 갈아입다

  Du bist ganz nass. Zieh dich schnell um.
  (너는 완전히 젖었다. 빨리 옷을 갈아입어라.)

- jemanden anziehen : ~에게 옷을 입히다

  Zieh das Kind warm an. Es ist kalt draußen.
  (애를 따뜻하게 입혀라. 밖이 춥다.)

- jemandem 〈옷〉 anziehen : 누구에게 〈옷〉을 입히다

  Ich ziehe dem Baby eine frische Hose an. (나는 아기에게 새 바지를 입힌다.)

- Ich wechsle mein Hemd. (난 티셔츠를 갈아입는다.)

- Jürgen trägt schicke Kleidung. / Jürgen zieht sich schick an.
  (유르겐은 옷을 잘 입는다.)

- Maria ist modebewusst. (마리아는 유행을 잘 따른다.)

- Ralf geht nicht mit der Mode. (랄프는 유행에 뒤떨어진다.)

- ... zu groß / klein / weit / eng / kurz / lang.
  …이 너무 크다 / 작다 / 펑펑하다 / 째다 / 짧다 / 길다.

할인(die Ermäßigung)

바겐세일	der Sale
할인	der Preisnachlass, die Ermäßigung
점포정리 할인	der Räumungsverkauf
환불	die Rückgabe mit Geldrückerstattung
할부판매	der Verkauf auf Ratenzahlung
할부구매	der Kauf auf Raten
할부상환	die Ratenzahlung
교환	der Umtausch

복장(die Kleidung)

- 티셔츠 das T-Shirt
- 치마 der Rock
- 야회복 die Abendkleidung
- 평상복 die Alltagskleidung
- 상복 die Trauerkleidung
- 신사복 der Herrenanzug
- 팀 유니폼 das Mannschaftstrikot[-tri′ko:]
- (군인, 경찰 등의) 정복 die Uniform

- 청바지 die Jeans
- 캐주얼 복 die Freizeitkleidung
- 군복 die Militärkleidung
- 사무실 die Bürokleidung
- 파티복 die Partykleidung
- 결혼 의상 die Hochzeitskleidung

- 반드시 예복을 착용할 것 Bitte beachten Sie die Kleideretikette.

의복(Kleidung aus verschiedenen Materialien)

- 면으로 만든 원피스 das Baumwollkleid
- 모로 만든 스웨터 der Wollpullover
- 아마로 만든 셔츠 das Leinenhemd
- 실크 블라우스 die Seidenbluse
- 폴리에스터로 만든 재킷 die Polyesterjacke
- 가죽 치마 der Lederrock
- 밍크 코트 der Pelzmantel
- 니트 원피스 das Strickkleid

의복 명칭을 사용한 표현
Das ist Jacke wie Hose. (어떻게든지 상관없다.)
Kleider machen Leute. (옷이 날개다.)
Mein kleiner Bruder hat sich bei dem Gewitter vor Angst in die Hose gemacht.
(내 어린 남동생이 천둥 번개에 겁에 질렸다.)
Die Vorstellung ist voll in die Hose gegangen. (그 공연은 완전히 실패했다.)

Ⅰ. 다음 낱말에 해당하는 독일어를 말해보세요.

(1) 바지 ______________

(2) 치마 ______________

(3) 원피스 ______________

(4) 양복 정장 ______________

(5) 투피스 ______________

Ⅱ. 다음 우리말을 독일어로 말해보세요.

(1) 너 오늘 무엇을 입을 거니?

____

(2) 여기가 덥습니다. 외투를 벗으세요.

____

(3) 옷을 따뜻하게 입으세요. 밖에 추워요.

____

(4) 이 셔츠가 내게 너무 큽니다.

____

(5) 이 바지가 너무 깁니다.

____

09 속옷(die Unterwäsche) / 소품들(das Accessoire)

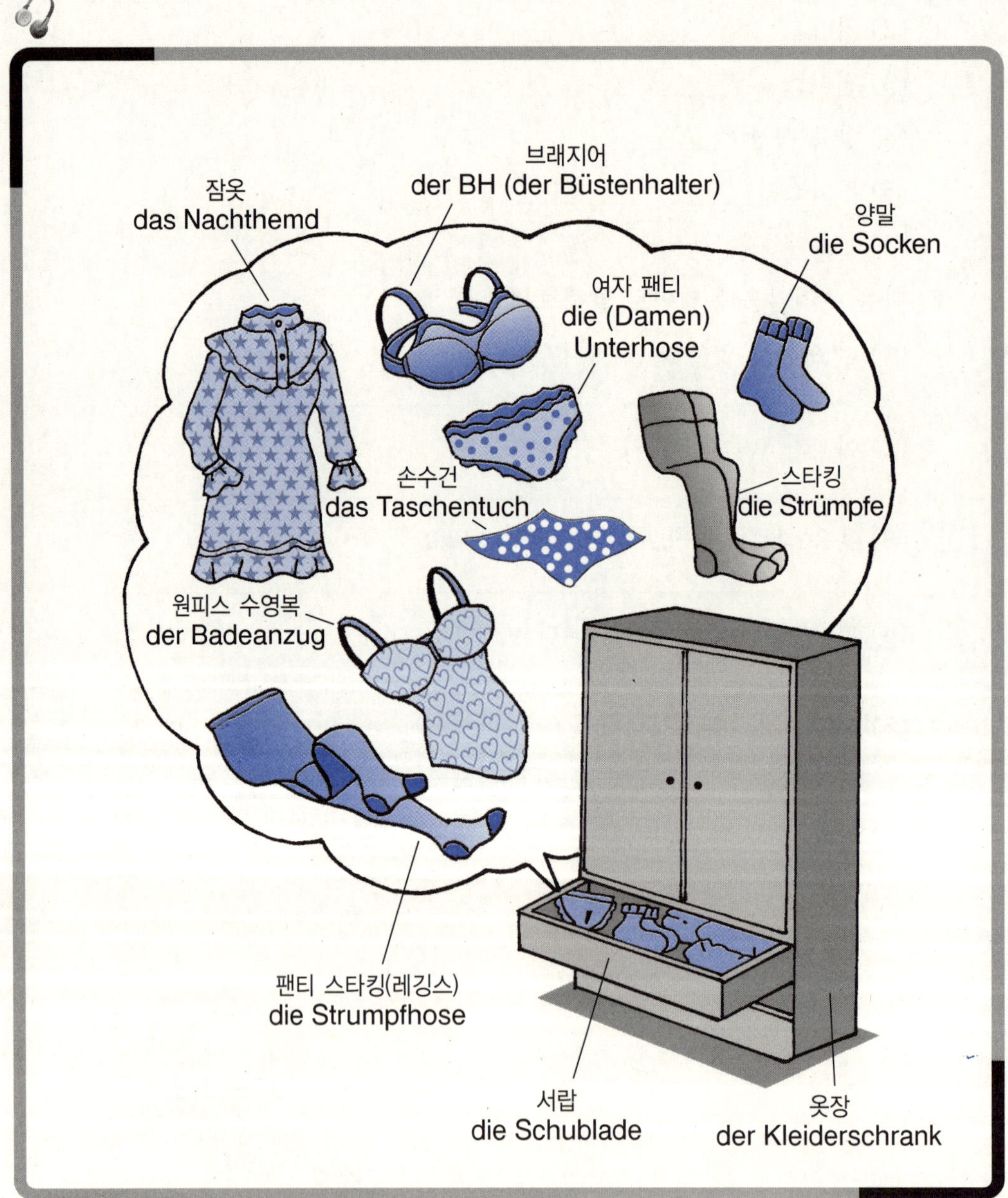

비키니 der Bikini	수건 das Handtuch
실내복 die Hauskleidung	잠옷 der Schlafanzug
스카프 das Halstuch	목욕가운 der Bademantel

남자 팬티
die (Herren)Unterhose

장갑
die Handschuhe

남자 수영복
die Badehose

혁대
der Gürtel

베레모
das Béret, die Baskenmütze

목도리
der Schal

넥타이
die Krawatte

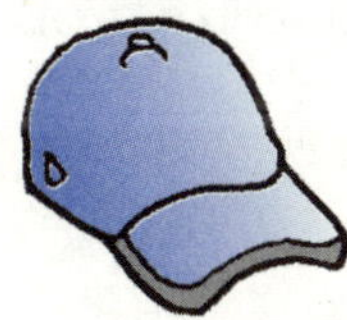

챙있는 모자
die Schirmmütze

밀짚모자
der Strohhut

챙없는 털실모자
die Mütze

나비넥타이 die Fliege	멜빵 die Hosenträger
커프스단추 die Manschettenknöpfe	앞치마 die Schürze
(비교적 딱딱한 재질의) 모자 die Kappe	야구모자 die Baseballkappe
중산모 die Melone	망사 스타킹 die Netzstrümpfe

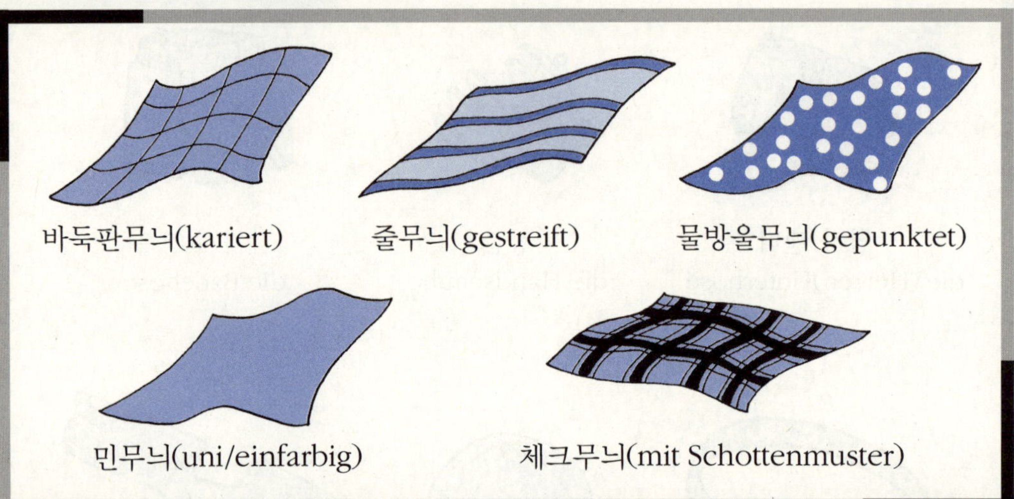

Übungen

Ⅰ. 해당 옷의 어휘를 넣어 보세요.

(1) Zeigen Sie mir bitte eine __________.
(중산모를 보여주세요.)

(2) Ich möchte dieses __________ Taschentuch kaufen.
(저는 이 물방울 무늬의 손수건을 사고 싶습니다.)

(3) Diese __________ ist für meine Tochter zu groß.
(이 앞치마는 우리 딸에게는 너무 큽니다.)

(4) Können Sie mir bitte die __________ zeigen?
(그 넥타이를 제게 보여주실 수 있나요?)

(5) Zeigen Sie mir bitte den __________ im Schaufenster.
(저기 쇼 윈도우에 있는 목도리를 보여주세요.)

Ⅱ. 다음 두 낱말의 뜻을 말해보세요.

(1) das Handtuch – das Taschentuch

(2) das Halstuch – der Schal

(3) die Baseballkappe – die Mütze

(4) der Strohhut – die Melone

신발(die Schuhe) / 보석(der Schmuck)

운동화
die Turnschuhe

뾰족 구두
die Stöckelschuhe

끈이 없는 간편한 단화
die Mokkasins

샌들
die Sandalen

실내화
die Pantoffeln

굽이 없는 구두
die flachen Schuhe

핸드 백
die Handtasche

서류 가방
die Aktentasche

부츠
die Stiefel

배낭
der Rucksack

여행용 가방
der Koffer

숄더백 die Schultertasche	(초등학생용 가방) die Schultasche
여행가방 die Reisetasche, der Koffer	지갑 das Portemonnaie, der Geldbeutel
장지갑 die Brieftasche	동전지갑 der Geldbeutel
구두끈 der Schnürsenkel	구두약 die Schuhcreme
구두 밑창 die Schuhsohle	신발 닦다 die Schuhe putzen

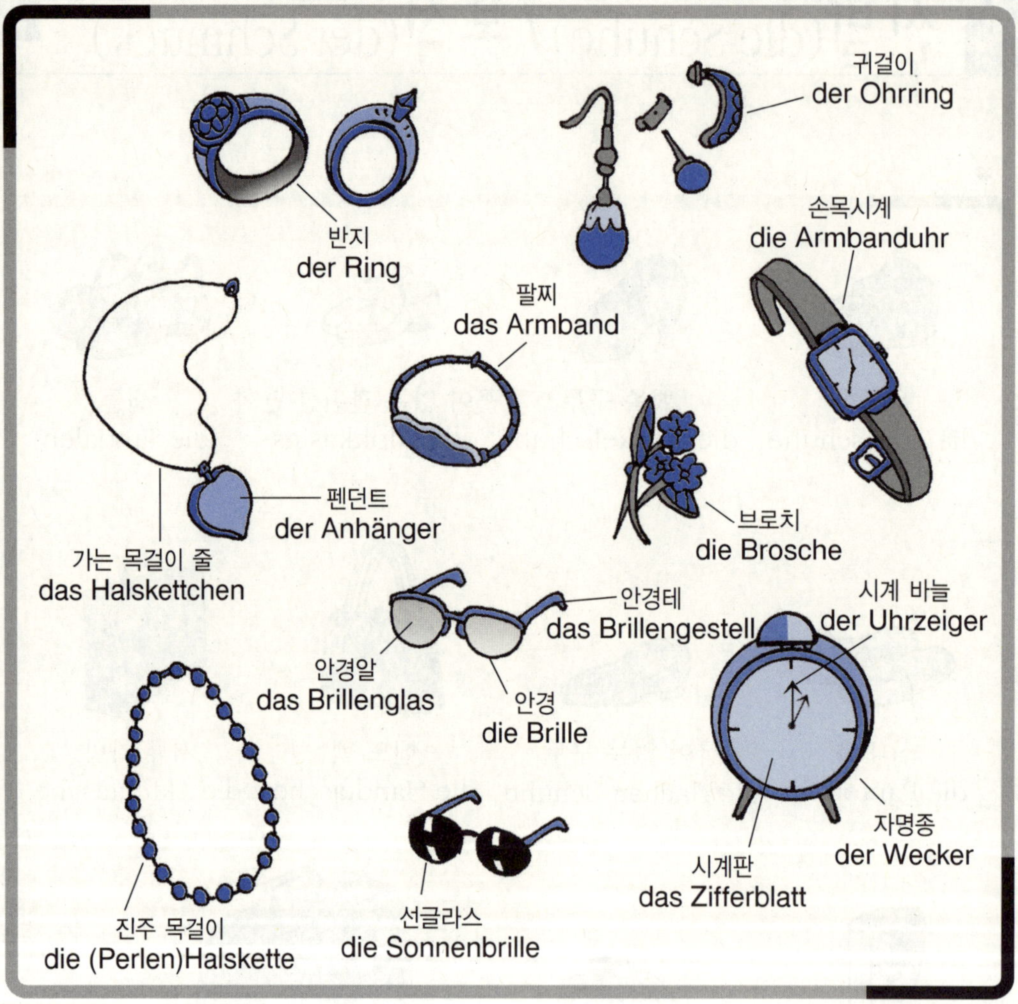

벽시계 die Wanduhr	배지 das Abzeichen, die Anstecknadel
사슬모양 팔찌 das Kettenarmband	전자시계 die elektronische Uhr
뻐꾸기시계 die Kuckucksuhr	초침 der Sekundenzeiger
발찌 das Fußkettchen	

동사: (anziehen)(입사/신다/끼다), aufsetzen(쓰다), umbinden(매다)

- Sie zieht eine Hose / ein Kleid / eine Bluse / eine Jacke an.
  (그녀는 바지를 / 원피스를 / 블라우스를 / 재킷을 입는다.)

- Sie zieht Strümpfe / Socken / Schuhe an.
  (그녀는 스타킹을 / 양말을 / 신발을 신는다.)

- Sie zieht Handschuhe an. (그녀는 장갑을 낀다.)

- Sie setzt einen Hut / eine Brille auf. (그녀는 모자를 / 안경을 쓴다.)

- Er bindet sich eine Krawatte / einen Schal um.
  (그는 넥타이를 / 목도리를 맨다.)

■ 신발 가게

- Welche Schuhgröße haben Sie? / Wie ist Ihre Größe?
  (치수가 어떻게 됩니까?)

  – Ich trage Schuhgröße 40. / Meine Schuhgröße ist 40.
    (제 신발 치수는 40입니다.)

- Die Schuhe sind bequem / unbequem. (이 신발이 편합니다 / 불편합니다.)

- Die Schuhe sind zu groß / klein / eng / flach.
  (이 신발이 너무 큽니다 / 작습니다 / 쨉니다 / 굽이 낮습니다.)

■ 옷 가게

- Welche Kleidergröße haben Sie? / Wie ist Ihre Größe?
  (옷 치수가 어떻게 되시나요?)

- Welche Größe haben Sie? / Welche Größe tragen Sie?
  (치수가 어떻게 됩니까?)

- Haben Sie dies eine Nummer größer / kleiner? (한 치수 큰 / 작은 것이 있나요?)

  – Das ist 38. (38 치수입니다.)

  – Wir haben das in verschiedenen Größen.
    (저희는 그것을 다양한 치수로 가지고 있습니다.)

  – Tut mir Leid. Das haben wir nicht in der Größe.
    (죄송합니다. 그 치수는 없습니다.)

- Das passt gut. (이것이 몸에 잘 맞습니다.)

- Das sitzt nicht richtig. (이것이 몸에 잘 안 맞습니다.)

- Das ist zu groß / klein / lang / kurz / eng / breit.
  (이것은 너무 큽니다 / 작습니다 / 깁니다 / 짧습니다 / (몸에) 쨉니다 / 펑펑합니다.)

- Das steht Ihnen gut / nicht.
  (그것이 당신에게 잘 어울립니다 / 어울리지 않습니다.)

■ 어울리다 / 어울리지 않다.

- Das steht dir wirklich gut. (그것은 당신에게 정말 잘 어울린다.)
- Die Krawatte steht dir gut. (이 넥타이가 네게 잘 어울린다.)
- Diese Jacke steht dir sehr gut. (그 재킷은 네게 아주 잘 어울린다.)
- Diese Krawatte passt nicht zu dem Anzug.
  (그 양복에는 이 넥타이가 어울리지 않는다.)

■ 맘에 들다 / 들지 않다.

- Das gefällt mir. (난 이것이 마음에 든다.)
- Das gefällt mir nicht. (난 이것이 마음에 들지 않는다.)

■ 구매의사 표현

- Ich kaufe das. (그것을 삽니다.)
- Ich nehme das. (그것을 사겠습니다.)
- Ich nehme das nicht. (그것을 사지 않겠습니다.)

■ 유용한 다른 표현

- Das ist eine sehr gute Qualität. (매우 좋은 재질의 제품이다.)
- Das ist im Moment in. (이것은 지금 유행입니다.)
- Darf ich das anprobieren? (제가 그것을 입어 봐도 되겠습니까?)
- Wo ist die Umkleidekabine? (탈의실은 어디에 있습니까?)
- Ich nehme das. (제가 이것을 사겠습니다.)
- Können Sie das bitte als Geschenk einpacken?
  (이것을 선물로 포장해 줄 수 있습니까?)

재료(Materialien)

실크 die Seide	양모 die Schafwolle, die Schurwolle	직물 der Stoff
면 die Baumwolle	마 das Leinen	나일론 das Nylon
고무 der Gummi	폴리에스테르 das Polyester	가죽 das Leder

금 das Gold	백금 das Platin	은 das Silber
동 das Kupfer	주석 das Zink	

산호 die Koralle	상아 das Elfenbein	진주 die Perle
루비 der Rubin	호박 der Bernstein	다이아몬드 der Diamant
에메랄드 der Smaragd	오팔 der Opal	터키석 der Türkis
사파이어 der Saphir		

Übungen

I. 다음 낱말에 해당하는 독일어를 말해보세요.

(1) 운동화 　　_______________

(2) 샌들 　　_______________

(3) 핸드백 　　_______________

(4) 배낭 　　_______________

(5) 여행용 가방 　　_______________

(6) 반지 　　_______________

(7) 안경테 　　_______________

(8) 배지 　　_______________

(9) 자명종 　　_______________

(10) 선글라스 　　_______________

II. 다음 우리말을 독일어로 말해보세요.

(1) 그녀는 블라우스를 입는다.

____

(2) 나는 양말을 신는다.

____

(3) 그는 선글라스를 낀다.

____

(4) 나는 넥타이를 맨다.

____

(5) 이것 한 치수 작은 것 있습니까?

____

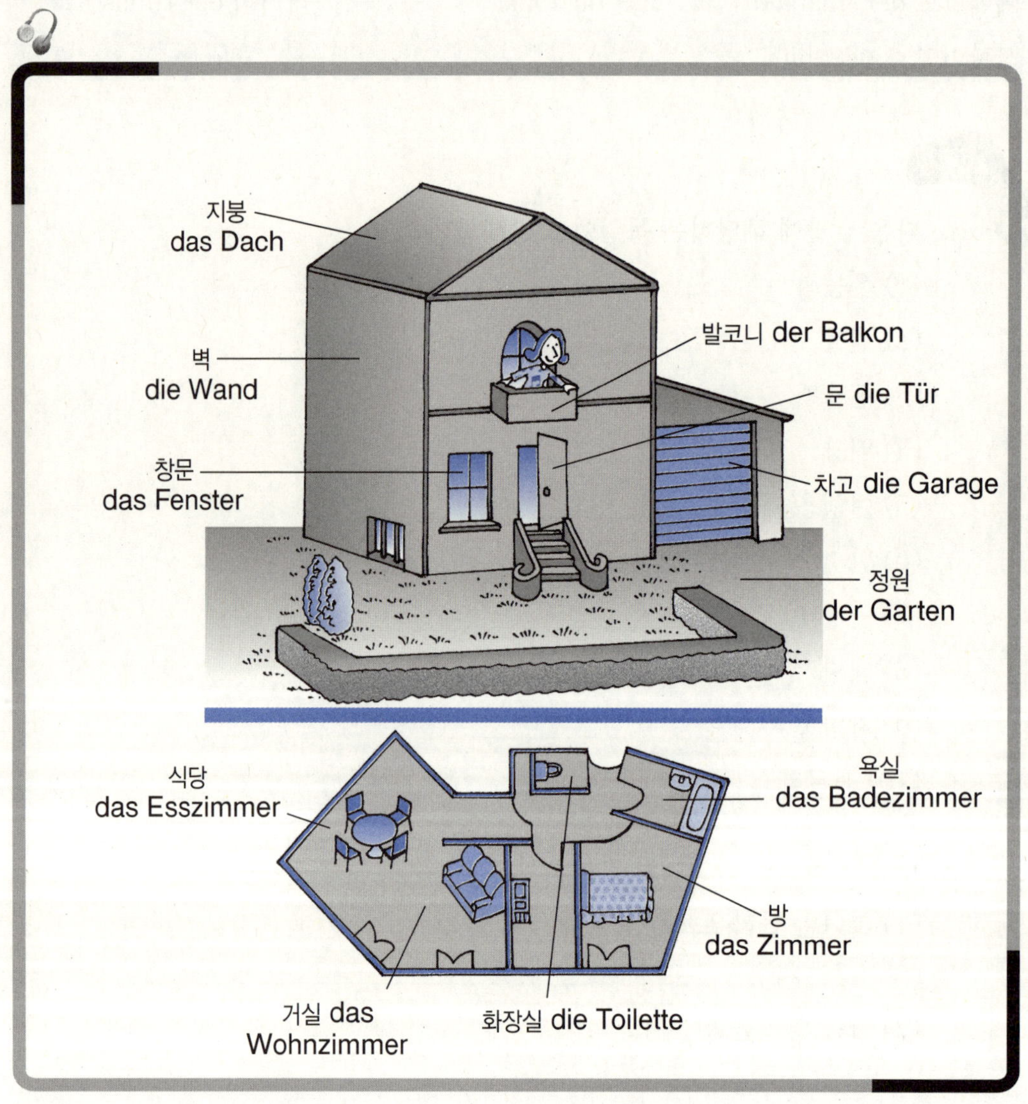

천장 die Decke	바닥 der Boden	계단 die Treppe
1층 das Erdgeschoss	입구 der Eingang	지하실 der Keller
2층 die erste Etage, der erste Stock	부엌 die Küche	
복도 der Korridor, der Gang, der Flur	중앙난방 die Zentralheizung	
개별난방 die eigene Heizung	창고 der Abstellraum	쓰레기 der Abfall
다락(방) das Dachzimmer	어린이 놀이터 der Kinderspielplatz	

- Wo wohnen Sie? (어디 사세요?)

  - Ich wohne einen Kilometer von der U-Bahnstation entfernt.
    (전철역에서 1킬로미터 떨어진 곳에 살아요.)

  - Ich wohne fünf Gehminuten von der Bushaltestelle entfernt.
    (버스정류장에서 걸어서 5분 거리에 살아요.)

  - Ich wohne in Block sechs. (6블록에 살고 있어요.)

  - Ich wohne eine Fahrtstunde von Berlin entfernt.
    (베를린에서 차로 한 시간 거리에 살아요.)

- Wie lange dauert es von der Station bis zu Ihrer Wohnung?
  (역에서 댁까지 얼마나 걸립니까?)

  - Es dauert eine Stunde. (1시간 걸립니다.)

- Es gibt viele Wohnungen des öffentlichen Wohnungsbaus in der
  Vorstadt. (그 도시 외곽 지역에는 공공 주택이 많다.)

- Sie wohnt im ersten Stock. (그녀는 2층에 산다.)

- Es gab in der Zeitung von gestern eine Anzeige für die Wohnung. (어제
  신문에 그 집 광고가 났다.)

- Ich zahle eine sehr hohe Miete. (난 집세를 매우 많이 낸다.)

- Ich muss die Miete am Ersten jeden Monats zahlen.
  (나는 매달 1일에 집세를 내야 한다.)

 거주지 형태

빌딩 das Hochgebäude	성 das Schloss, die Burg, die Festung
별장 das Wochenendhaus, das Ferienhaus	통나무집 die Holzhütte, das Holzhaus
농가 das Bauernhaus	산장 das Chalet
탑 der Turm	아파트 die Wohnung
집세 die Miete	집 das Haus, die Wohnung
방갈로 der Bungalow	원룸 아파트 das Einzimmer-Apartment
경비 der Haus- und Wachmeister	집주인 der Hausbesitzer, der Vermieter
보증금 die Kaution	세입자 der Mieter

부동산중개사 der Makler	기숙사 das Wohnheim
대학 기숙사 das Studentenwohnheim	
팔 집 Haus zu verkaufen, zum Verkauf stehendes Haus	
관리비 die Nebenkosten	세놓을 집 Haus zu vermieten
광고 die Anzeige	소개비 die Provision
계약 der Vertrag	승강기 der Aufzug

Übungen

I. 다음 우리말은 독일어로 말해보세요

(1) 창문 ___________ (2) 천장 ___________

(3) 계단 ___________ (4) 복도 ___________

(5) 창고 ___________ (6) 별장 ___________

(7) 경비 ___________ (8) 대학기숙사 ___________

(9) 관리비 ___________ (10) 계약 ___________

II. 다음 우리말을 독일어로 말하세요.

(1) 어디 사세요?

____

(2) 버스정류장에서 걸어서 5분 거리에 삽니다.

____

(3) 나는 5층에 삽니다.

____

(4) 매월 1일에 집세를 지불해야 합니다.

____

(5) 역에서 댁까지 얼마나 걸립니까?

____

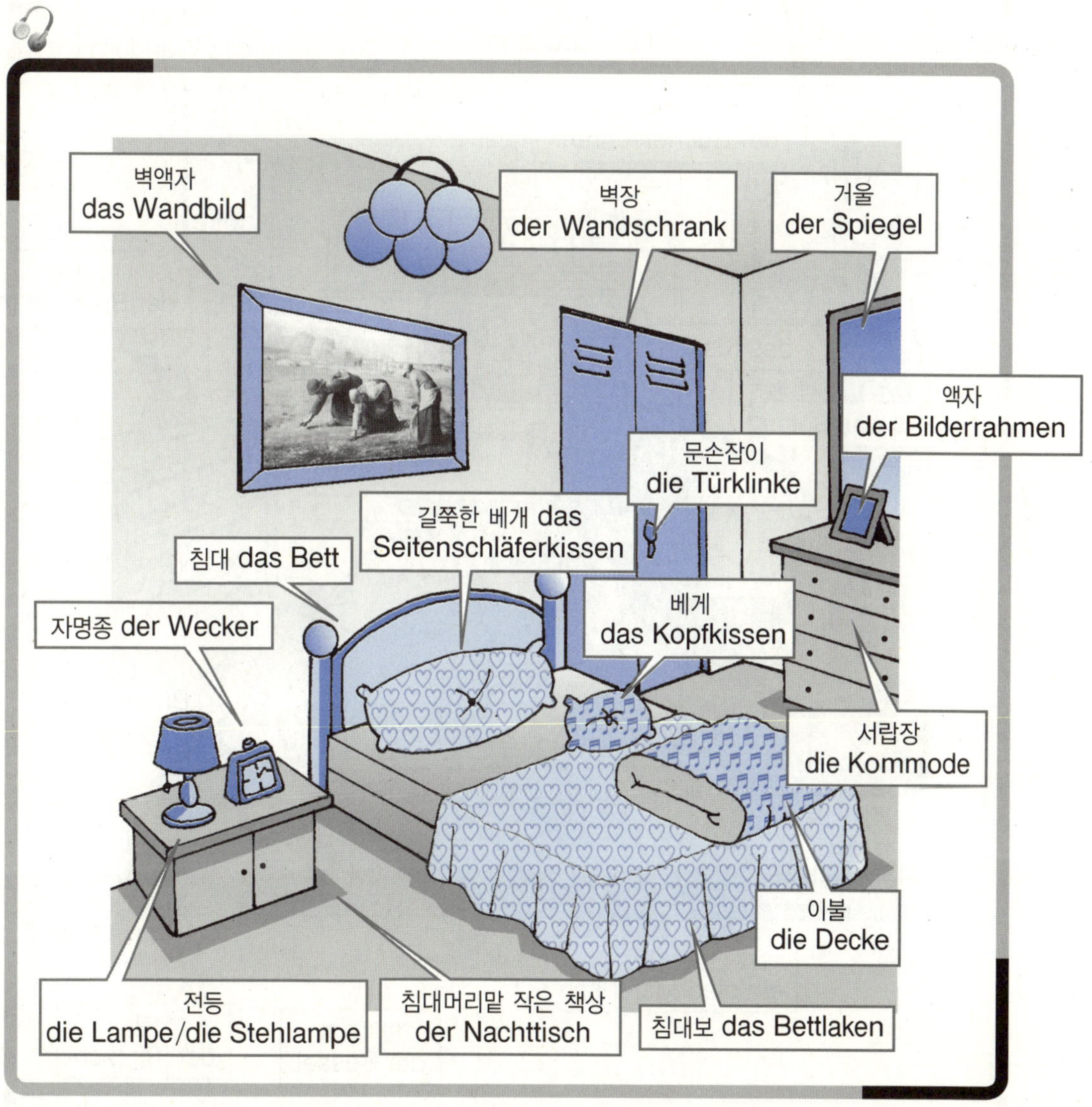

어린이용 침대 das Kinderbett	더블베드 das Doppelbett
싱글베드 das Einzelbett	전기담요 die elektrische Heizdecke
옷장 der Kleiderschrank	옷걸이 der Kleiderbügel
히터 der Heizkörper	드레스 룸 der Ankleideraum
에어컨 die Klimaanlage	베갯잇 der Kopfkissenbezug

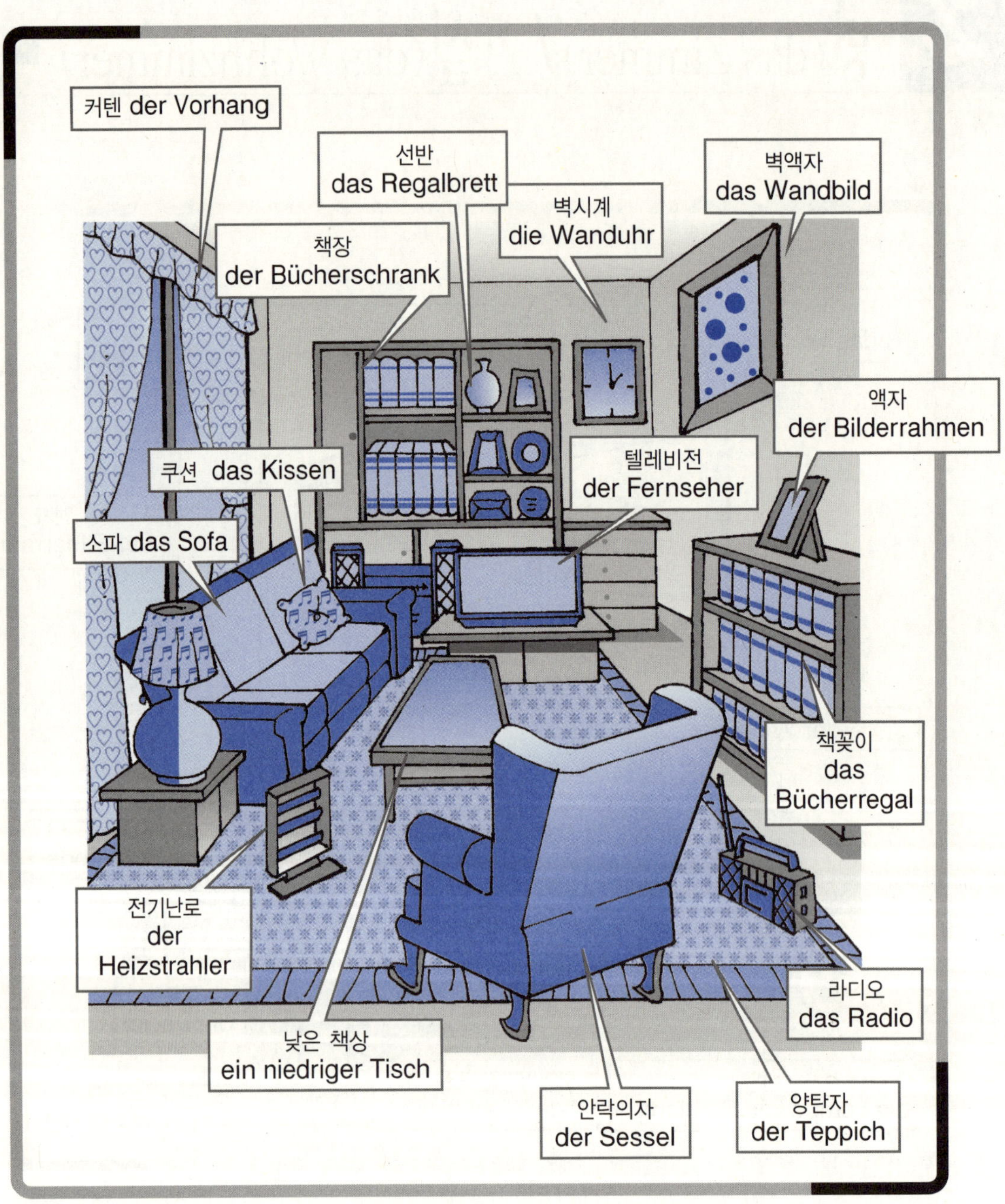

의자 der Stuhl	동그란 의자 der Hocker	회전의자 der Drehstuhl
오디오 die Stereoanlage	전화 das Telefon	VTR der Videorekorder
재떨이 der Aschenbecher	벽난로 der Kamin	전구 die Glühbirne
형광등 die Neonleuchte	환풍기 der Abzug	콘센트 die Steckdose
리모컨 die Fernbedienung	(전구)스위치 der Lichtschalter	

Ⅰ. 다음 낱말을 독일어로 말해보세요.

(1) 전등 _______________

(2) 스탠드 _______________

(3) 벽장 _______________

(4) 싱글베드 _______________

(5) 옷걸이 _______________

(6) 커텐 _______________

(7) 쿠션 _______________

(8) 침대보 _______________

(9) 거울 _______________

(10) 에어컨 _______________

13 학교(die Schule)

네모난 학생용 가방
die Schultasche

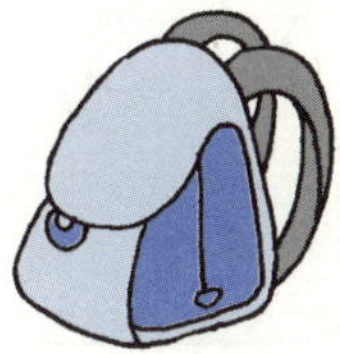

배낭
der Rucksack

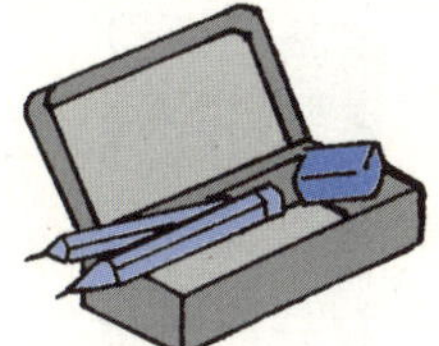

필통
das Etui

삼각자
das Dreicklineal

연필
der Bleistift

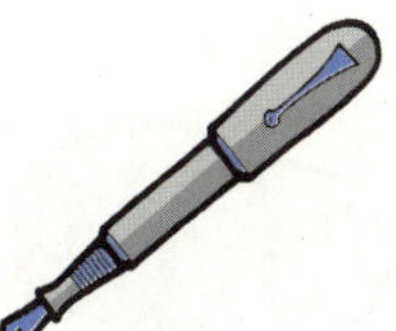

만년필
der Füller

가위
die Schere

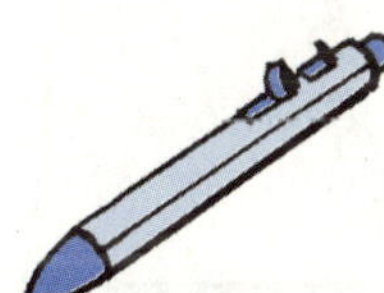

볼펜
der Kugelschreiber

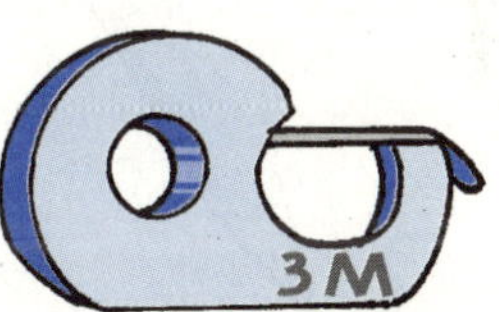

스커치 테이프
der Tesafilm

샤프
der Druckbleistift

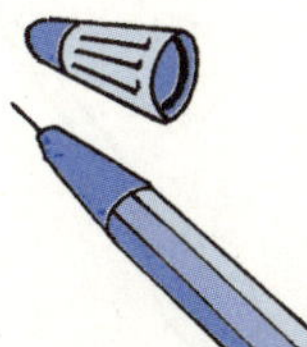

싸인펜 / 싸인펜 뚜껑
der Filzstift / die Filzstiftkappe

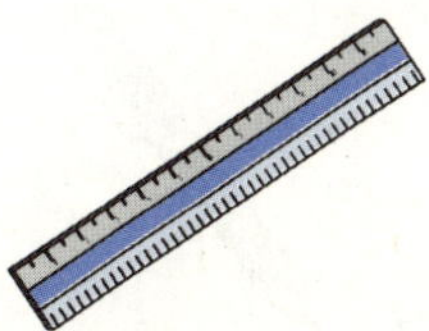

길죽한 자
das Lineal

책
das Buch

공책
das Heft

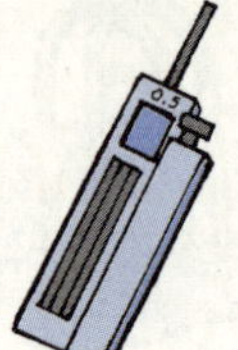

샤프심통
der Bleistiftminenbehälter

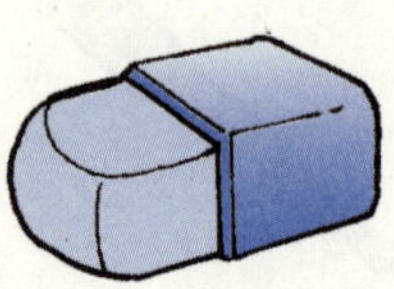

지우개
der Radiergummi

풀
der Klebstoff

연필깍이
der Spitzer

색연필
der Farbstift

수첩 / 메모지
der Spiralblock /
der Notizblock

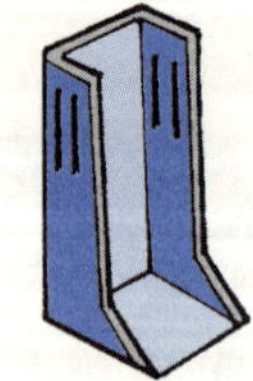

파일
der Stehsammler

수성펜
der wasserlösliche Stift

붓
der Pinsel

화이트
das flüssige Tipp-Ex
(die Korrekturflüssigkeit)

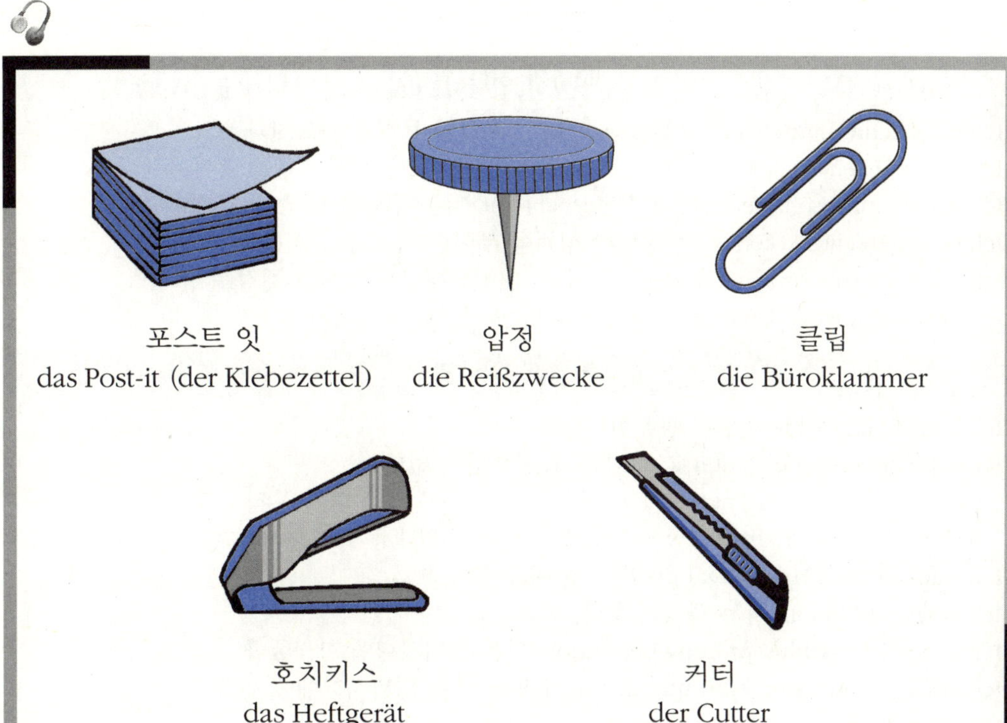

- Wo haben Sie studiert? 어디에서 수학하셨나요?
- Ich habe in Mannheim studiert. 저는 만하임에서 수학했습니다.
- Ich habe die Prüfung bestanden. 나는 그 시험에 합격했다.
- Ich bin in der Prüfung durchgefallen. 나는 그 시험에 떨어졌다.
- In Deutschland beginnt das Semester im Oktober.
  독일에서는 학기가 10월에 시작한다.
- Welches Fach mögen Sie? 어떤 과목을 좋아하세요?
- Ich mag Deutsch und Mathematik. 저는 독일어와 수학을 좋아합니다.
- Ich bin gut in Deutsch. 나는 독일어가 강하다.
- Ich bin schwach in Chemie. 나는 화학이 약하다.

잉크 die Tinte	편지지 das Briefpapier
전자계산기 der Taschenrechner	포장지 das Geschenkpapier
라벨 das selbstklebende Etikett	책상 der Schreibtisch
분필 die Kreide	칠판 die Tafel
의자 der Stuhl	과목 das Fach
학기 das Semester / das Schulhalbjahr	

Ich unterrichte Mathematik und Physik. 나는 수학과 물리를 가르친다.
Ich gebe meinen Schülern viele Hausaufgaben. 나는 학생들에게 숙제를 많이 내준다.
Ich bereite mich sehr gut auf den Unterricht vor. 나는 수업을 매우 잘 준비한다.
Ich gebe gerechte Noten. 나는 정당한 성적을 부여한다.
Ich korrigiere die Arbeiten und Tests. 나는 과제를 수정하고 시험 채점을 한다.
Ich lasse nie meinen Unterricht ausfallen. 나는 절대로 휴강하지 않는다.

Ich lerne fleißig. 나는 열심히 공부한다.
Ich habe heute keinen Unterricht. 나는 오늘 수업이 없다.
Ich habe noch nie den Unterricht geschwänzt. 나는 수업을 빼먹은 적이 없다.
Ich muss den Unterrichtsstoff wiederholen. 나는 수업내용을 복습해야 한다.
Ich mache meine Hausaufgaben. 나는 숙제를 한다.
Ich habe gute Noten. 나는 성적이 좋다.
Ich habe die Abschlussprüfung bestanden. 나는 졸업시험에 합격했다.
Ich bin in der Aufnahmeprüfung durchgefallen. 나는 입학시험에 떨어졌다.
Ich muss die Prüfung wiederholen. 나는 재시험을 봐야 한다.

Übungen

Ⅰ. 다음 낱말을 독일어로 말해보세요.

(1) 가위 ____________ (2) 볼펜 ____________

(3) 지우개 ____________ (4) 메모지 ____________

(5) 필통 ____________ (6) 샤프 ____________

(7) 연필깎이 ____________ (8) 압정 ____________

(9) 전자계산기 ____________ (10) 풀 ____________

Ⅱ. 다음 우리말을 독일어로 말해보세요.

(1) 들어오세요. ____________

(2) 들어보세요. ____________

(3) 따라 말해보세요. ____________

(4) 그것이 이해가 안 됩니다. ____________

(5) 질문이 있습니다. ____________

(6) 저는 수학을 잘합니다. ____________

(7) 나는 그 시험에 합격했습니다. ____________

독일의 교육체계(das deutsche Bildungssystem)

Bildungseinrichtung 교육기관			Schuljahr 학년	Alter 나이
Kindergarten 유아원				4
Vorschule 유치원				5
Grundschule 초등학교			1. Schuljahr 1학년	6
			2. Schuljahr	7
			3. Schuljahr	8
			4. Schuljahr	9
Hauptschule 하우프트슐레 (실업계 중등학교 중등 1단계)	Realschule 레알슐레(실업계 중등 학교 중등 1단계)	Gymnasium 김나지움 (중등 1단계+중등 2단계)	5. Schuljahr	10
			6. Schuljahr	11
			7. Schuljahr	12
			8. Schuljahr	13
			9. Schuljahr	14
			10. Schuljahr	15
			11. Schuljahr	16
			12. Schuljahr	17
Hochschule (Fachhochschule 전문대학, Universität 대학)			der Bachelor 학사 der Magister 석사 der Doktor 박사	

독일의 학교 교육제도는 주에 따라 다르다. 만 6세부터 12년 동안 학교 교육이 의무이다. 처음 9년간은 의무교육이고, 나머지 3년간은 선택적 의무교육이다. 종교단체가 운영하는 학교와 사립학교가 있지만, 대부분은 국립이다.

대부분의 어린이들은 만 3세가 되면 유아원에 다닌다. 6살에는 초등학교에 입학하여 4년간 다닌다. (베를린과 브란덴부르크 주에서는 6년이다.)

초등학교 교육 이후 각자의 능력이나 관심에 따라서 다양한 유형의 학교에 진학한다. 일부는 하우프트슐레로 가는데, 여기서는 일반 기본 교육을 받는다. 하우프트슐레를 마치면, 대부분의 학생들은 직업교육을 받게 된다. 이 과정은 직업학교와도 연결되어 있다. 다른 학생들은 레알슐레에 가는데, 여기서는 특히 실업 또는 기술 직업을 준비한다. 10학년을 마치면 중간학력(mittlere Reife)을 인정받게 된다. 또 다른 그룹은 김나지움에 진학하는데, 여기서는 대학교육을 준비한다. 보통 18-19세에 아비투어를 보고 과정을 마친다.

또 다른 학교유형으로는 종합학교(Gesamtschule)가 있는데, 이것은 앞에서 말한 3가지 유형의 학교를 한곳에 모은 것이다.

- Ich habe jeden Tag sechs Stunden Unterricht.
  (하루에 6시간씩 수업이 있습니다.)

- Sind alle Fächer an deiner Schule obligatorisch?
  (너희 학교에서는 모든 과목이 필수이냐?)

- Nein, einige Fächer sind fakultativ. (아니 몇 과목은 선택이야.)

- Ich bin Student in der deutschen Abteilung. (저는 독일어과 학생입니다.)

- Man muss das Abitur machen, um studieren zu können.
  (대학에서 공부하려면 아비투어를 치러야 한다.)

- Man muss die Aufnahmeprüfung bestehen, um die Universität besuchen zu
  können. (대학에 들어가기 위해서는 입학시험에 합격해야 한다.)

- Er studiert Medizin an der Universität Münster.
  (그는 뮌스터 대학에서 의학을 공부한다.)

- Sie ist als Studentin der Rechtswissenschaft an der Universität Heidelberg
  immatrikuliert. (그녀는 하이델베르크 대학 법학과 학생으로 등록되어 있다.)

학교 졸업 der Schulabschluss	교장 der Schuldirektor, der Schulleiter
학생회장 der Schulsprecher	학교제도 das Schulsystem
학교친구 der Schulfreund	야간학교 die Abendschule
종일학교 die Ganztagsschule	남학교 die Jungenschule
여학교 die Mädchenschule	직업학교 die Berufsschule
사립학교 die Privatschule	

 ## 학교 교과목(das Schulfach)

수학 Mathematik	독일어 Deutsch
영어 Englisch	프랑스어 Französisch
라틴어 Latein	역사 Geschichte
사회 Sozialkunde	지리 Geographie
물리 Physik	화학 Chemie
생물 Biologie	미술 Kunst
음악 Musik	체육 Sport
종교 Religion	윤리 Ethik

<table>
<tr><td>1 – sehr gut 수</td><td>2 – gut 우</td></tr>
<tr><td>3 – befriedigend 미</td><td>4 – ausreichend 양</td></tr>
<tr><td>5 – mangelhaft 가</td><td>6 – ungenügend 가</td></tr>
</table>

Übungen

Ⅰ. 다음 낱말을 독일어로 말해보세요.

(1) 유아원 ____________________

(2) 초등학교 ____________________

(3) 중등학교(3가지 유형) ____________________

(4) 대학(교) ____________________

(5) 교장 ____________________

(6) 학생회장 ____________________

(7) 학교친구 ____________________

(8) 역사 ____________________

(9) 미술 ____________________

(10) 직업학교 ____________________

Ⅱ. 다음 우리말을 독일어로 말해보세요.

(1) 저는 독일어과 학생입니다.

____

(2) 저는 뮌헨대학에서 역사를 공부하고 있습니다.

____

(3) 나는 일주일에 20시간 수업이 있습니다

____

(4) 독일어는 선택과목입니다.

____

(5) 한국에서는 6살에 초등학교에 입학한다.

____

은행 (die Bank)

der Geldschein (지폐)

fünf Euro   hundert Euro
zehn Euro   zweihundert Euro
zwanzig Euro   fünfhundert Euro
fünfzig Euro

die Münze (동전)

ein Cent
zwei Cent
fünf Cent
zehn Cent
zwanzig Cent
fünfzig Cent

Am Geldautomat (현금인출기에서)

– Schieben Sie Ihre Karte ein. (카드를 넣으세요.)

– Geben Sie Ihre Geheimnummer ein. (비밀번호를 입력하세요.)

– Warten Sie einen Moment. (잠시만 기다리세요.)

– Diese Karte ist nicht gültig. (유효하지 않은 카드입니다.)

– Geben Sie die gewünschte Summe ein. (인출하실 금액을 입력하세요.)

– Drücken Sie die Bestätigungstaste. (확인 버튼을 누르세요.)

– Das Geld wird jetzt gezählt. (지금 현금을 세고 있습니다.)

– Nehmen Sie die Karte und den Beleg. (카드와 명세표를 받으세요.)

– Nehmen Sie das Geld. (현금을 받으세요.)

통화 die Währung	계좌 das Konto
수표 der Scheck	수표책 das Scheckbuch
신용카드 die Kreditkarte	직불카드 die Geldkarte
계좌번호 die Kontonummer	

- Ihre Kontonummer, bitte. (고객님의 계좌번호 부탁합니다.)

- Ich möchte ein Konto eröffnen. (계좌를 개설하고 싶습니다.)

- Darf ich Ihren Pass oder Ausweis sehen? (제게 여권이나 신분증을 보여주세요.)

- Füllen Sie bitte dieses Formular aus. (이 서류 양식을 채워주세요.)

- Unterschreiben Sie bitte hier unten. (여기 아래에 서명하십시오.)

- Ich möchte eintausend Euro einzahlen. (1,000유로를 입금하겠습니다.)

- Ich möchte Geld abheben. (예금을 찾고 싶습니다.)

- Kann ich Kontoauszüge bekommen? (거래명세서를 받을 수 있나요?)

- Ich möchte Geld überweisen. (돈을 이체하고 싶습니다.)

- Ich habe fast keine Schecks mehr. Ich brauche ein neues Scheckbuch. (수표가 거의 없습니다. 새 수표책이 필요합니다.)

예금통장 das Sparbuch	은행계좌 das Konto
은행코드 die Bankleitzahl	계좌번호 die Kontonummer
공제/원천징수 der Abzug/der Quellenabzug	금액 der Betrag, die Summe
동전 die Münze	송금, 이체 die Überweisung
송금하다 überweisen	이체하다 überweisen
송금서류 das Überweisungsformular	수수료 die Gebühr
수표 der Scheck	신용카드 die Kreditkarte
액면금액 der Nennbetrag, der Nominalbetrag	이율 die Zinsrate
이자 die Zinsen (단수: der Zins)	입금하다 Geld einzahlen
출금하다 Geld abheben	입출금 명세서 der Kontoauszug
자동이체 der Dauerauftrag	잔고 der Saldo, der Kontostand
지폐 der Schein	채권자 der Gläubiger
합계금액 der Gesamtbetrag, die Gesamtsumme	채무자 der Schuldner
현금자동인출기 der Geldautomat	현금 das Bargeld
화폐 die Währung	환율 der Wechselkurs
환전창구 der Schalter für Geldwechsel	환전 der Geldwechsel

Ⅰ. 다음 낱말을 독일어로 말해보세요.

(1) 계좌 _______________

(2) 수표 _______________

(3) 신용카드 _______________

(4) 수수료 _______________

(5) 채무자 _______________

(6) 이체하다 _______________

(7) 잔고 _______________

(8) 지폐 _______________

(9) 환율 _______________

(10) 환전 _______________

Ⅱ. 다음 우리말을 독일어로 말해보세요.

(1) 잠시만 기다리세요.

____

(2) 계좌를 개설하고 싶습니다.

____

(3) 이 서류 양식을 작성해 주세요.

____

(4) 예금을 찾고 싶습니다.

____

(5) 돈을 송금하고 싶습니다.

____

16 우체국(die Post)

전보 das Telegramm	택배 die Hauslieferung
택배 서비스 der Lieferdienst	포장 die Verpackung
포장하다 einpacken, verpacken	우편물 die Post, die Postsache
영수증 die Quittung	편지/소포에 우표를 붙이다 frankieren

– Wo ist die Post? (우체국은 어디입니까?)

– Wo kann man Briefmarken kaufen? (우표는 어디에서 살 수 있습니까?)

– Schicken Sie diesen Brief als Einschreiben.
  (이 편지를 등기로 부쳐 주세요.)

– Ich möchte diesen Brief per Luftpost schicken.
  (이 편지를 항공편으로 보내고 싶습니다.)

– Wie hoch ist die Gebühr für diese Postsache?
  (이 우편물의 요금은 얼마입니까?)

– Ich möchte das als Paket schicken. (이것을 소포로 보내고 싶습니다.)

– Was ist in dem Paket drin? (이 소포 안에는 무엇이 들어있습니까?)

– Das Grundgewicht ist etwas überschritten. Sie müssen mehr zahlen.
  (기본 중량이 조금 초과되었습니다. 돈을 더 지불하셔야 합니다.)

– Wie lange dauert es bis nach Korea? (한국까지 얼마나 걸립니까?)

운편요금	das Porto
운편요금 무료	portofrei
발송인 부담으로	Gebühr bezahlt der Absender
수취인 부담으로	Gebühr bezahlt der Empfänger
등기로	per Einschreiben
속달	der Eilbrief
항공우편으로	mit Luftpost
선편으로	per Schiff
소포	das Paket
소형 소포 (2kg 이하의 경량)	das Päckchen

Ⅰ. 다음 낱말을 독일어로 말해보세요.

(1) 발신인 _______________

(2) 편지봉투 _______________

(3) 소포 _______________

(4) 우체통 _______________

(5) 수신인 _______________

(6) 우편엽서 _______________

(7) 우표 _______________

(8) 포장 _______________

(9) 영수증 _______________

(10) 등기 _______________

Ⅱ. 다음 우리말을 독일어로 말해보세요.

(1) 우체국이 어디에 있습니까?

____

(2) 어디에서 우표를 살 수 있습니까?

____

(3) 이것을 소포로 보내고 싶습니다.

____

(4) 이 소포에 무엇이 들어있습니까?

____

(5) 돈을 더 지불하셔야 합니다.

____

스포츠(der Sport)

페널티 에어리어 der Strafraum	잔디 der Rasen
관중 der Zuschauer	월드컵 die Fußball-Weltmeisterschaft
관중석 die Zuschauertribüne	코치 der Trainer
하프타임 die Halbzeit	선수 der Spieler
연장 die Verlängerung	경기 das Spiel
페널티 der Elfmeterschuss	자살골 das Eigentor
업사이드 das Abseits	옐로우카드 die gelbe Karte
슈팅 der Schuss	득점하다 ein Tor erzielen
국가대표 축구팀 die Fußball-Nationalmannschaft	

농구 der Basketball

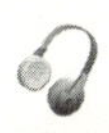

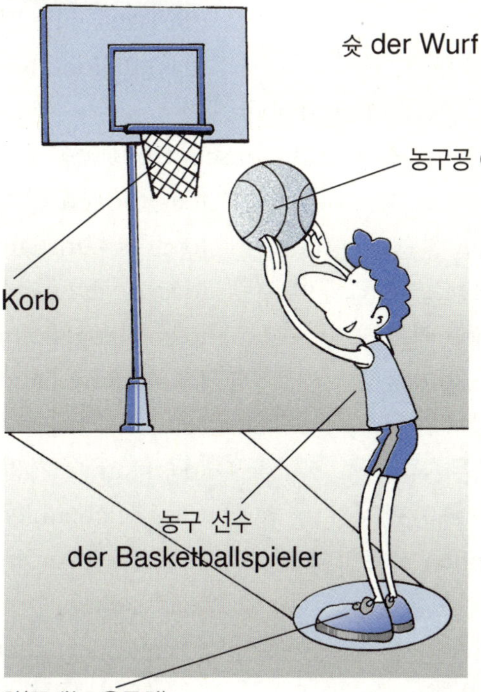

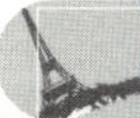

운동 종목(die Sportarten)

ich spiele ... (행위자/선수: der ...spieler)

(das) Badminton 배드민턴(배드민턴 하는 사람 / 배드민턴 선수: der Badmintonspieler)

(das) Baseball 야구 (야구하는 사람 / 야구 선수: der Baseballspieler)

(der) Basketball 농구

(das) Billiard 당구

(das) Eishockey 아이스하키

(der) Fußball 축구

(das) Golf 골프

(der) Handball 핸드볼

(das) Hockey 하키

(das) Kricket 크리켓

(das) Rugby 럭비

(das) Squash 스쿼시

(das) Tennis 테니스

(das) Tischtennis 탁구

(der) Volleyball 배구

(das) Aerobic 에어로빅	(das) Aikido 합기도
(das) Angeln 낚시	(die) Autorally 랠리자동차경주
(das) Autorennen 자동차 경주	(das) Ballonfahren 열기구
(das) Bergwandern, (das) Bergsteigen 등산	
(das) Bogenschießen 양궁 (der Bogenschütze 양궁을 하는 사람, 양궁 선수)	
(das) Bowling 볼링	(das) Boxen 권투
(das) Diskuswerfen 원반던지기	(der) Eiskunstlauf 피겨스케이트
(der) Eisschnelllauf 스피드스케이트	(das) Fechten 펜싱
(das) Gewichtheben 역도	(das) Hanggliding 행글라이딩
(der) Hochsprung 높이 뛰기	(das) Inlineskating 인라인 스케이팅
(das) Jogging 조깅	(das) Judo 유도
(der) Kampfsport 무술	(das) Karate 가라데
(das) Kugelstoßen 포환던지기	(die) Leichtathletik 육상
(das) Motorradrennen 오토바이 경주	(das) Pfeilwerfen 다트
(das) Radrennen 사이클	(das) Reiten 승마
(das) Rollschuhlaufen 롤러스케이트	(das) Rudern, der Rudersport 조정
(das) Schlittschuhlaufen 스케이트	(der) Schnelllauf 달리기
(das) Schwimmen 수영	(das) Segeln 범선
(das) Skifahren, Schifahren 스키	(das) Surfen 서핑
(das) Taekwondo 태권도	(das) Tanzen 댄스
(das) Tauchen 잠수	(das) Wandern 하이킹
(das) Wasserskilaufen 수상스키	(der) Wassersport 수상스포츠
(der) Weitsprung 넓이 뛰기	(das) Windsurfing 윈드서핑
(der) Wintersport 동계스포츠	(das) Wrestling 레슬링

운동선수들(die Sportler)

권투선수 der Boxer	레슬링선수 der Wrestler, der Ringer
수영선수 der Schwimmer	승마선수 der Reiter
역도선수 der Gewichtheber	육상선수 der Athlet
자전거 경주자 der Radrennfahrer	잠수부 der Taucher
축구선수 der Fußballspieler	테니스선수 der Tennisspieler

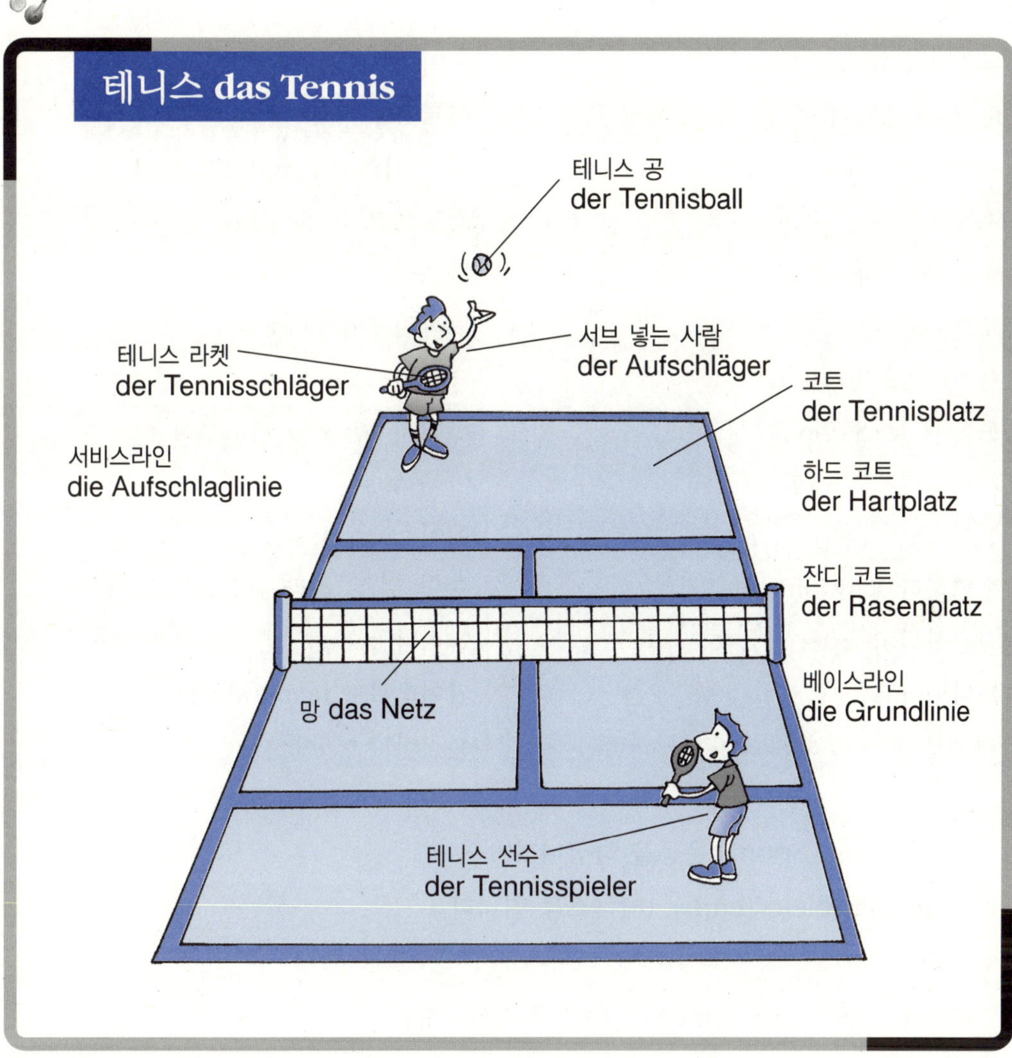

테니스 공 der Tennisball	테니스 클럽 der Tennisklub
테니스 코트 der Tennisplatz	테니스 라켓 der Tennisschläger
테니스 강사 der Tennislehrer	테니스 시합 das Tennismatch
테니스 경기 das Tennisspiel	테니스 선수 der Tennisspieler
테니스 대회 das Tennisturnier	

실내 테니스 das Hallentennis	잔디 테니스 das Rasentennis

남자단식 das Herreneinzel	여자단식 das Dameneinzel
남자복식 das Herrendoppel	여자복식 das Damendoppel

듀스 der Einstand	게임 das Spiel
매치 das Match	세트 der Satz
세트포인트 der Satzball	서브 지역 das Aufschlagfeld
서브 der Aufschlag	스트로크 die Schläge
발리 der Volleyball	하프발리 der Halbvolleyball
로브 der Lob	드라이브 der Drive
톱스핀 der Topspin	슬라이스 der Slice
드롭샷 der Stoppball	스매시 der Schmetterball
어드밴티지 Vorteil	아웃 Aus
앨리 die Gasse	에이스 das Ass
수영하다 schwimmen	수면 위로 올라가다 auftauchen
잠수하다 tauchen	달리다 laufen
뛰다 rennen	기어오르다 heraufklettern
패달을 밟다 in die Pedale treten	훈련하다 trainieren

- Treiben Sie Sport? (운동을 하십니까?)
  - Ja, ich spiele Tennis. (테니스를 칩니다.)

- Treiben Sie gern Sport? (운동을 즐기십니까?)
  - Nein, ich mag keinen Sport. (아니오, 나는 운동 싫어합니다.)
  - Nein, ich treibe kaum Sport. (아니오, 나는 운동 거의 안 합니다.)

- Welchen Sport treiben Sie gern? (어떤 운동을 즐겨 하십니까?)
  - Ich schwimme gern. (저는 수영을 좋아합니다.)
  - Ich spiele gern Fußball / Tennis / Tischtennis.
    (저는 축구 / 테니스 / 탁구를 좋아합니다.)
  - Ich fahre gern Rad / Ski. (저는 자전거 / 스키 타기를 좋아합니다.)
  - Ich reite gern. (저는 승마를 좋아합니다.)

I. 다음 낱말을 독일어로 말해보세요.

(1) 골키퍼 ________________

(2) 레드카드 ________________

(3) 관중 ________________

(4) 월드컵 ________________

(5) (축구)슈팅 ________________

(6) 등산 ________________

(7) 하이킹 ________________

(8) 역도 ________________

(9) 펜싱 ________________

(10) 무술 ________________

II. 다음 우리말을 독일어로 말해보세요.

(1) 운동을 좋아하십니까?

____

(2) 아니오, 저는 운동을 거의 하지 않습니다.

____

(3) 저는 테니스 치는 것을 좋아합니다.

____

(4) 저는 자전거 타기를 좋아합니다.

____

(5) 저는 스키 타기를 좋아합니다.

____

우표수집하다
Briefmarken sammeln

낚시하다
angeln

사냥하다
jagen, auf die Jagd gehen

사진찍다
fotografieren

그림을 그리다
malen, zeichnen

범선을 항해하다
segeln

등산하다
bergsteigen

도자기를 만들다
töpfern

뜨개질하다
stricken

실타래
das Wollknäuel

연을 날리다
Drachen steigen lassen

영화관에 가다
ins Kino gehen

극장에 가다
ins Theater gehen

화초가꾸다
Blumen züchten, gärtnern

카드놀이하다
Karten spielen

체스하다
Schach spielen

바이올린 연주하다
Geige/ Violine spielen

목공일하다
tischlern, zimmern

컴퓨터 오락을 하다
Computerspiele spielen

• Was machen Sie in Ihrer Freizeit? (여가시간에는 무엇을 하십니까?)

  – Meine Freizeit verbringe ich gern alleine.
    (나는 여가시간을 혼자서 보내기를 좋아한다.)

  – In meiner Freizeit gehe ich gerne ins Kino/ins Theater/ins Museum/
    ins Konzert.
    (저는 여가시간에 영화관/극장/박물관/연주회에 가는 것을 좋아합니다.)

• Was ist dein Hobby? (네 취미가 뭐니?)

  – Ich höre gern Musik. (나는 음악 듣는 것을 좋아해.)

  – Ich gehe gern tanzen. (나는 춤추러 가는 것을 좋아해.)

  – Ich tanze gern Salsa/Mambo/Tango. (나는 살사/맘보/탱고 추는 것을 좋아해.)

  – Ich lese gern. (나는 독서를 좋아해.)

  – Ich gehe gern aus. (나는 외출을 좋아해.)

• Hören Sie gern Musik? (음악 듣는 것 좋아해요?)
• Treiben Sie gern Sport? (운동하는 것 좋아해요?)

Ich spiele + (관사 없이) 악기/게임/운동

• Ich spiele Klavier. (나는 피아노를 연주한다.)
• Ich spiele Go. (나는 바둑을 둔다.)
• Ich spiele Fußball. (나는 축구를 한다.)

Ⅰ. 다음 표현을 독일어로 말해보세요.

(1) 낚시하다 _________________

(2) 그림을 그리다 _________________

(3) 등산을 하다 _________________

(4) 영화관에 가다 _________________

(5) 화초를 가꾸다 _________________

(6) 체스하다 _________________

(7) 컴퓨터 오락을 하다 _________________

(8) 뜨개질하다 _________________

Ⅱ. 다음 우리말을 독일어로 말해보세요.

(1) 여가시간에는 무엇을 하십니까?

____

(2) 취미가 무엇입니까?

____

(3) 저는 음악 듣는 것을 좋아합니다.

____

(4) 저는 수영을 즐깁니다.

____

(5) 제 취미는 등산입니다.

____

19 부엌 용품(die Küchenutensilie)

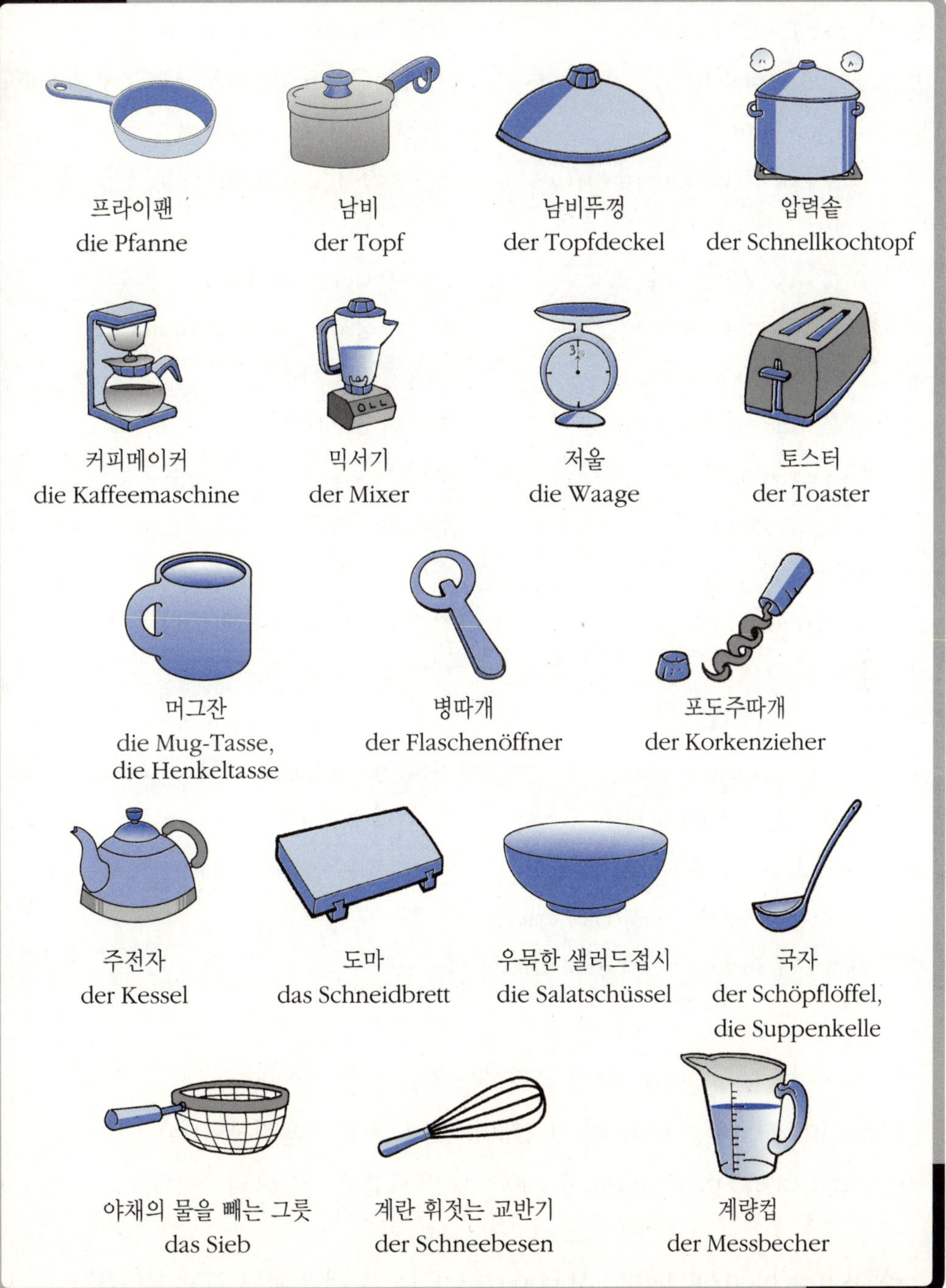

프라이팬
die Pfanne

남비
der Topf

남비뚜껑
der Topfdeckel

압력솥
der Schnellkochtopf

커피메이커
die Kaffeemaschine

믹서기
der Mixer

저울
die Waage

토스터
der Toaster

머그잔
die Mug-Tasse,
die Henkeltasse

병따개
der Flaschenöffner

포도주따개
der Korkenzieher

주전자
der Kessel

도마
das Schneidbrett

우묵한 샐러드접시
die Salatschüssel

국자
der Schöpflöffel,
die Suppenkelle

야채의 물을 빼는 그릇
das Sieb

계란 휘젓는 교반기
der Schneebesen

계량컵
der Messbecher

가위 die Schere	앞치마 die Schürze
강판 die Reibe, das Reibeisen	주방용 세제 das Spülmittel
깔때기 der Trichter	식기 das Geschirr
식기 세트 das Speiseservice	개수대 das Spülbecken
수세미 der Topfreiniger	철수세미 der Topfkratzer
공기(밥) das Schälchen	쓰레기통 der Mülleimer, der Abfalleimer
냅킨 die Serviette	가스레인지 der Gasherd
전기레인지 der Elektroherd	전자레인지 die Mikrowelle
냉장고 der Kühlschrank	냉동실 das Gefrierfach
레몬압착기 die Zitronenpresse	스펀지 der Schwamm
세탁기 die Waschmaschine	붙박이장 der Einbauschrank
수도꼭지 der Wasserhahn	쓰레기 der Abfall
식기세척기 die Spülmaschine	숟가락 der Löffel
티스푼 der Teelöffel	오븐 der Backherd
식탁보 das Tischtuch	접시 der Teller
젓가락 das Stäbchen	쟁반 das Tablett
포크 die Gabel	찬장 der Geschirrschrank
칼 das Messer	테이블 der Tisch
유리 컵/잔 das Glas	후드 die Dunstabzugshaube
소켓 die Steckdose	커피 잔 die Tasse
가열 판 die Warmhalteplatte	젖은 행주 der Spüllappen, das Spültuch
마른 행주 das Geschirrtuch	(빵 자르는 톱니) 칼 das Brotmesser
한 벌의 스푼, 나이프, 포크 das Besteck	
수프 그릇 der Suppenteller, die Suppenschüssel	

- Ich koche sehr gern. (나는 요리하는 것을 무척 좋아한다.)

- Kerstin ist eine gute Köchin. (케어스틴은 훌륭한 요리사이다.)

- Jürgen ist ein professioneller Koch. (유르겐은 전문요리사이다.)

- Was möchten Sie heute Abend essen? (오늘 저녁에 뭘 먹고 싶어요?)

- Ich werde kochen. Du kannst nachher spülen.
  (내가 요리할게. 너는 나중에 설거지하면 돼.)

- Was soll ich machen? (제가 무엇을 할까요?)

- Ich bereite den Schokoladenkuchen vor. Du kochst Tee.
  (나는 초코케이크를 준비할 테니, 넌 차를 끓여라.)

- Kannst du Kuchen backen? (너 케이크를 만들 수 있니?)

- Gibt es eine Steckdose für die Kaffeemaschine?
  (커피메이커를 꽂을 수 있는 콘센트가 있어요?)

어떻게 할까요?

요리하다 kochen	끓이다 kochen
삶다 kochen	(빵, 케이크를) 굽다 backen
(고기를) 굽다 braten, grillen	(기름에) 튀기다 fritieren
데치다 blanchieren	익히다 garen
섞다 mischen	휘젓다 umrühren
고추를 넣다 Peperoni hinzugeben	소금을 치다 salzen
양념하다 würzen	자르다 schneiden
잘게 다지다 klein hacken	후추를 치다 pfeffern
껍질을 벗기다 schälen	녹이다 auftauen lassen
설거지하다 spülen	

달걀(das Ei)

삶은 달걀 ein gekochtes Ei	완숙 달걀 ein hart gekochtes Ei
반숙 달걀 ein weich gekochtes Ei	달걀 프라이 das Spiegelei
스크램블 에그 das Rührei	오믈렛 das Omelette

Ⅰ. 다음 낱말을 독일어로 말해보세요.

(1) 냄비 _______________

(2) 압력솥 _______________

(3) 병따개 _______________

(4) 포도주따개 _______________

(5) 국자 _______________

(6) 주방용 세제 _______________

(7) 개수대 _______________

(8) 냉장고 _______________

(9) 전기레인지 _______________

(8) 쟁반 _______________

Ⅱ. 다음 우리말을 독일어로 말해보세요.

(1) 나는 요리하는 것을 좋아한다.

____

(2) 제가 무엇을 할까요?

____

(3) 무엇을 드시고 싶습니까?

____

(4) 나는 설거지하기를 좋아하지 않는다.

____

(5) 내가 케이크를 만들게.

____

집안용품(der Haushaltsgegenstand) / 개인용품(der Toilettenartikel)

다리미 das Bügeleisen

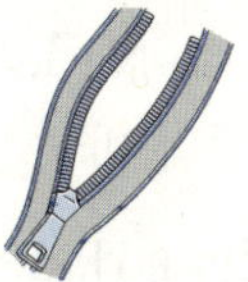

재봉틀 die Nähmaschine

지퍼 der Reißverschluss

진공 청소기 der Staubsauger

붓 der Pinsel

바늘 / 실
die Nähnadel / das Nähgarn

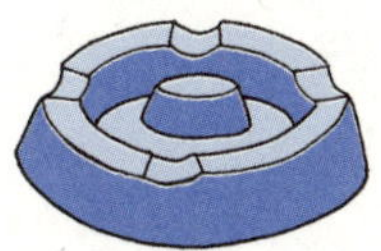

재떨이
der Aschenbecher

담배 die Zigarette
담배 한 갑 eine Schachtel Zigaretten

라이터 das Feuerzeug

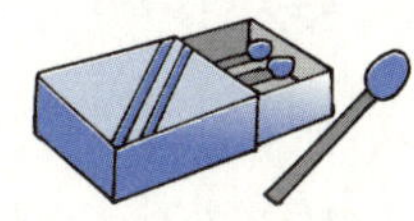

성냥 das Streichholz

백열전구 die Glühbirne

빗 der Kamm

브러쉬 die Bürste

쓰레기통 der Abfalleimer,
der Mülleimer

자명종 der Wecker

플러그 der Stecker
전기 스위치 der Lichtschalter

전화 das Telefon

옷핀 die Sicherheitsnadel

열쇠 der Schlüssel
열쇠구멍 das Schlüsselloch

망치 der Hammer

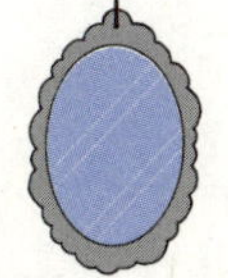

거울 der Spiegel

빗자루 der Besen

- Haben Sie Feuer? (불 좀 빌릴 수 있을까요?)

- Bringen Sie mir bitte einen Aschenbecher. (재떨이 좀 가져다주세요.)

- Ich habe meinen Wecker auf fünf Uhr gestellt. (나는 자명종을 5시에 맞췄다.)

- Wo ist der Lichtschalter? (스위치가 어디 있지?)

- Wenn du Nadel und Faden hast, kann ich das Loch stopfen.
  (네가 실과 바늘을 가지고 있으면 내가 그 구멍을 때울 수 있다.)

- Sie schaut dauernd in den Spiegel. (그녀는 만날 거울을 본다.)

Übungen

Ⅰ. 다음 낱말을 독일어로 말해보세요.

(1) 다리미 ＿＿＿＿＿ (2) 진공청소기 ＿＿＿＿＿

(3) 라이터 ＿＿＿＿＿ (4) 자명종 ＿＿＿＿＿

(5) 전기 스위치 ＿＿＿＿＿ (6) 옷핀 ＿＿＿＿＿

(7) 열쇠 ＿＿＿＿＿ (8) 빗자루 ＿＿＿＿＿

(9) 거울 ＿＿＿＿＿ (8) 버튼 ＿＿＿＿＿

Ⅱ. 다음 우리말을 독일어로 말해보세요.

(1) 불 좀 빌릴 수 있을까요?

＿＿＿＿＿＿＿＿＿＿＿＿＿＿＿＿＿＿＿＿＿

(2) 나는 자명종을 7시에 맞췄다.

＿＿＿＿＿＿＿＿＿＿＿＿＿＿＿＿＿＿＿＿＿

(3) 내 열쇠가 어디 있지?

＿＿＿＿＿＿＿＿＿＿＿＿＿＿＿＿＿＿＿＿＿

(4) 그는 거울을 자주 본다.

＿＿＿＿＿＿＿＿＿＿＿＿＿＿＿＿＿＿＿＿＿

(5) 다리미 좀 가져다 주세요.

＿＿＿＿＿＿＿＿＿＿＿＿＿＿＿＿＿＿＿＿＿

21

욕실 (das Badezimmer)

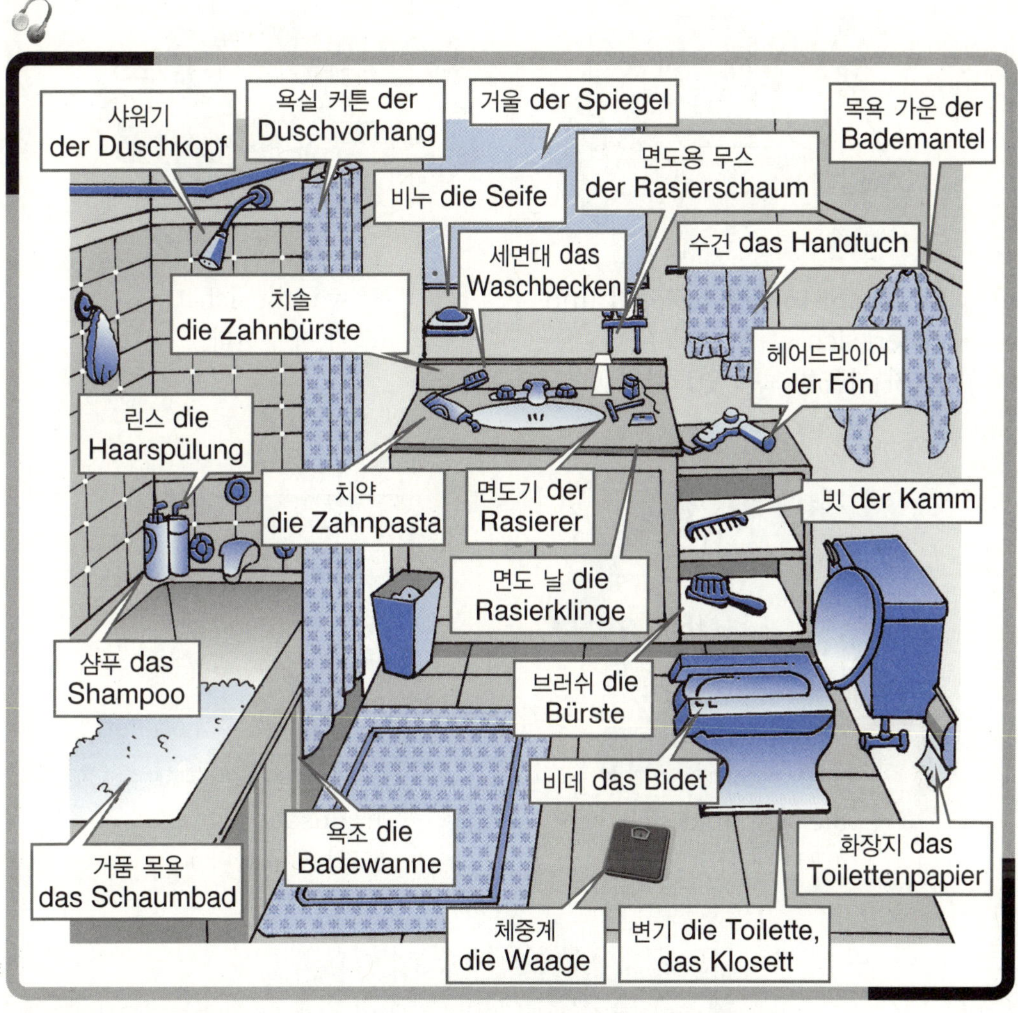

더운물 das warme Wasser	찬물 das kalte Wasser
플러그 der Stecker	소켓 die Steckdose
마개 der Deckel	형광등 die Neonleuchte
자동칫솔 die elektrische Zahnbürste	치실 die Zahnseide
손톱깎이 der Nagelknipser	보디로션 die Körperlotion
헤어스프레이 das Haarspray	샤워 젤 das Duschgel
빨래집게 die Wäscheklammer	빨래바구니 der Wäschekorb
빨랫줄 die Wäscheleine	건조대 der Wäscheständer

Er schaut in den Spiegel und rasiert sich.
(그가 거울을 보고 면도한다.)

Er wäscht sich.
(그가 세수한다.)

Sie schminkt sich.
(그녀가 화장한다.)

Er duscht sich.
(그가 샤워한다.)

Er badet sich. / Er nimmt ein Bad.
(그가 목욕한다.)

Ⅰ. 다음 낱말을 우리말로 말해보세요.

(1) 비누   ___________

(2) 칫솔   ___________

(3) 면도기   ___________

(4) 샴푸   ___________

(5) 체중계   ___________

(6) 욕조   ___________

(7) 화장지   ___________

(8) 린스   ___________

(9) 빨래집게   ___________

(10) 건조대   ___________

Ⅱ. 다음 우리말을 독일어로 말해보세요.

(1) 나는 매일 아침 면도를 한다.

____

(2) 나는 욕실에서 세수를 한다.

____

(3) 그녀가 거울 앞에서 화장을 한다.

____

(4) 나는 매일 샤워한다.

____

(5) 매일 저녁 나는 목욕을 한다.

____

22 자동차(das Auto) / 전철(die Straßenbahn) / 자전거(das Fahrrad)

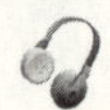

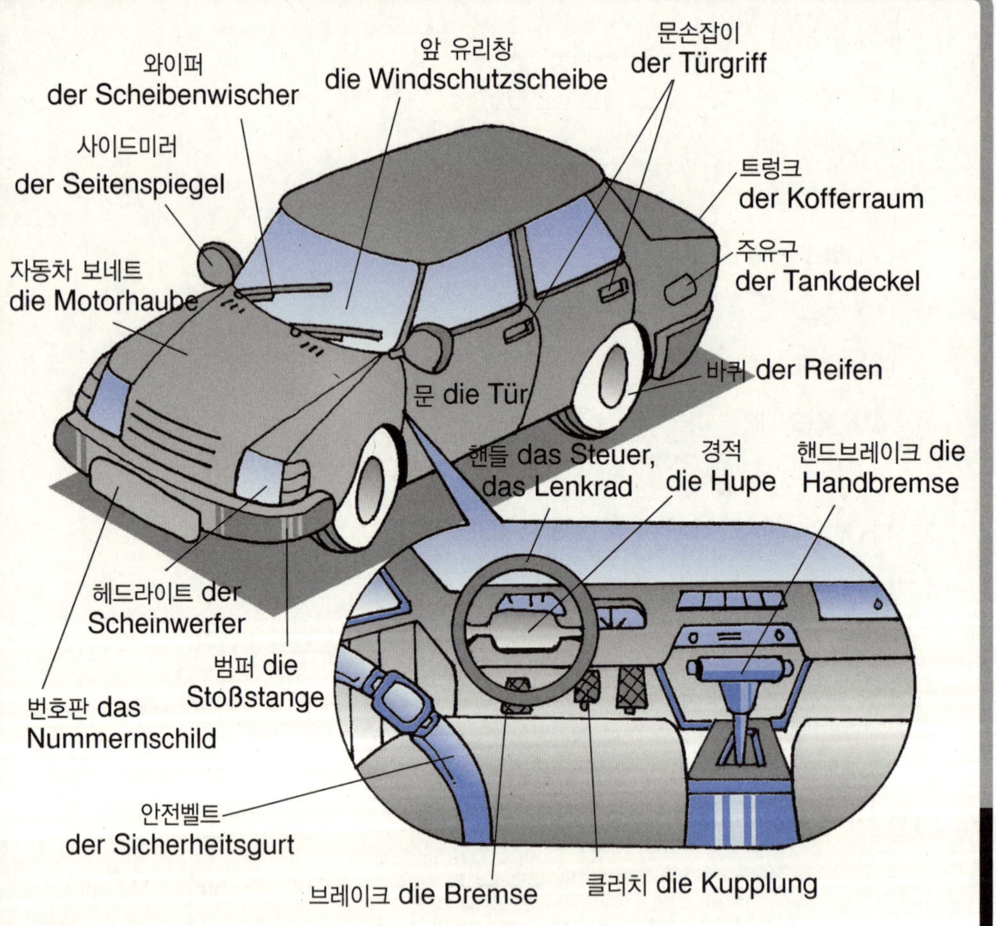

깜빡이등 der Blinker	열쇠구멍 das Schlüsselloch
라디오 das Radio	모터 der Motor
스페어타이어 der Reservereifen	배터리 die Batterie
라디에이터 der Kühler	백미러 der Rückspiegel
에어컨 die Klimaanlage	배기관 das Auspuffrohr
머플러 der Schalldämpfer	속도계 der / das Tachometer
선루프 das Schiebedach	그릴 der Kühlergrill

펜더 der Kotflügel	연료탱크 der Kraftstofftank
상향등 das Fernlicht	하향등 das Abblendlicht
안개등 die Nebelleuchte	후미등 die Schlussleuchte
머리받침 die Kopfstütze	중고 자동차 Gebrauchtwagen
수동기어 자동차 der Schaltwagen	오토매틱 자동차 der Automatikwagen

- Ich habe einen Gebrauchtwagen gekauft. (중고차를 한 대 샀습니다.)

- Das ist ein Dieselwagen. (이것은 디젤경유 자동차입니다.)

- Können Sie Auto fahren? (운전하실 줄 압니까?)

- Ich habe zwar einen Führerschein, aber ich kann nicht gut fahren.
  (나는 운전면허증이 있지만, 운전은 잘 못합니다.)

- Früher habe ich einen Schaltwagen gefahren, heute fahre ich einen
  Automatik. (옛날에는 수동 자동차를 탔는데, 지금은 오토매틱을 탑니다.)

- Schnallen Sie sich bitte an. (안전벨트를 매주세요.)

- Bitte treten Sie etwas aufs Gaspedal. Ich habe es eilig.
  (액셀러레이터를 좀 밟으세요. 급합니다.)

- Ich bremse, um die Geschwindigkeit zu reduzieren.
  (나는 속도를 줄이기 위해서 브레이크를 밟습니다.)

- Wie macht man das Fernlicht an? (상향등은 어떻게 켭니까?)

- Zeigen Sie mir, wie man den Gang wechselt.
  (기어 바꾸는 방법을 보여주세요.)

- Wie kann man rückwärts fahren? (후진을 하려면 어떻게 합니까?)

- Der Tank ist leer. Ich muss tanken.
  (연료가 바닥이 났습니다. 주유를 해야 합니다.)

- Wo gibt es hier eine Tankstelle? (여기 어디에 주유소가 있습니까?)

- Ich möchte für 50.000 Won tanken. (5만원 어치 넣어주세요.)

- Volltanken, bitte. (가득 채워주세요.)

- Für diesen Parkplatz brauchen Sie einen Parkschein.
  (이 주차장은 주차권이 필요합니다.)

- Wo gibt es eine Autowaschanlage? (세차장이 어디 있습니까?)

- Waschen Sie bitte den Wagen. (세차해주세요.)

- Reinigen Sie bitte das Wageninnere. (자동차 내부를 청소해주세요.)

- Waschen Sie bitte die Windschutzscheibe. (앞 유리를 닦아주세요.)

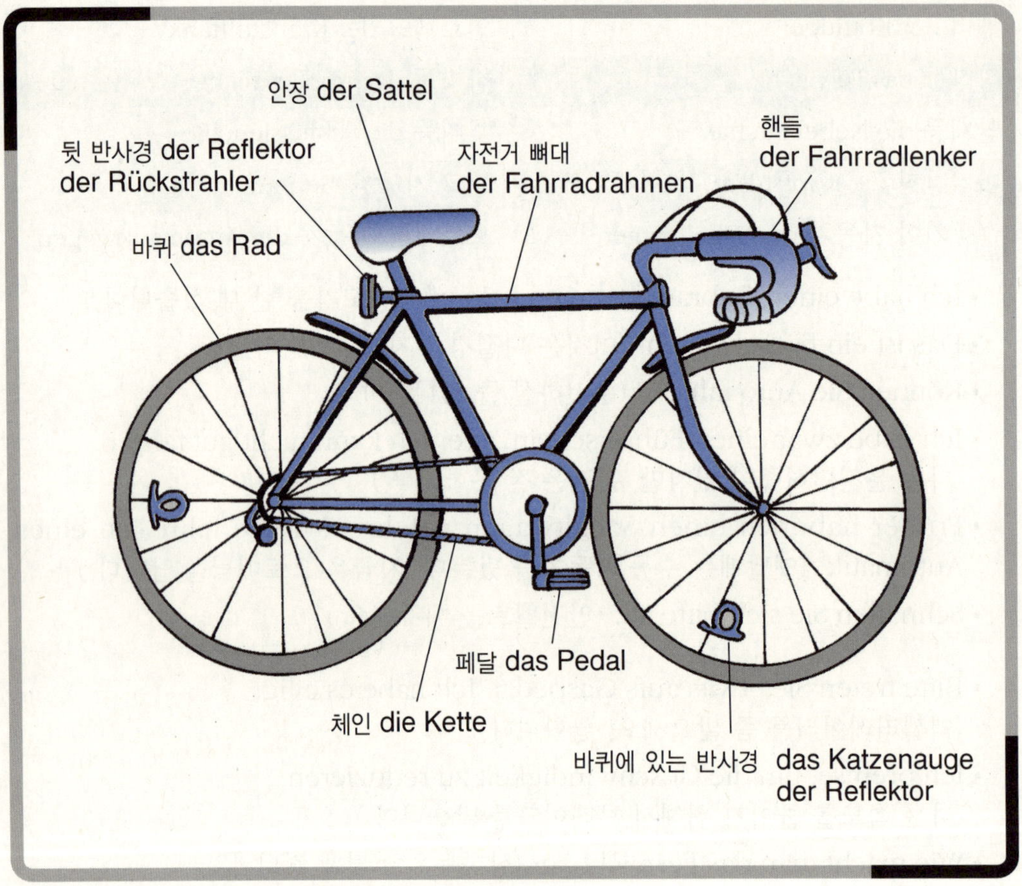

운전자(der Fahrer)

- der Autofahrer / der Busfahrer / der Taxifahrer (자동차 / 관광버스 / 택시 기사)

- der Lastwagenfahrer (화물차 운전자)

- der Rennfahrer (자동차 경주 선수)

- der Motorradfahrer / der Fahrradfahrer (오토바이 운전자 / 자전거 운전자)

- der Zugführer (철도기관사)

- der Pilot (비행기 조종사)

- der Steuermann (항해사)

- der Kapitän (선장)

- Wo ist hier ein Taxistand? (택시 타는 곳이 어디입니까?)

- Rufen Sie bitte ein Taxi. (택시 한 대 불러주세요.)

- Wie viel kostet es bis zum Bahnhof? (역까지 얼마입니까?)

- Lassen Sie mich bitte hier aussteigen. (여기 내려주세요.)

- Halten Sie bitte hier. (여기 세워주세요.)

- Lassen Sie mich bitte dort am Zebrastreifen aussteigen.
  (저기 횡단보도에 내려주세요.)

- Wie viel macht das? (요금은 얼마죠?)

- Fährt dieser Bus zum Rathaus? (이 버스가 시청으로 갑니까?)

- Gibt es Stadtrundfahrten? (시내일주 관광버스는 있나요?)

- Gibt es keine Tagestouren / Halbtagstouren?
  (하루/반나절 코스는 없나요?)

 자동차 문제점들(Probleme mit dem Auto)

- Mein Wagen ist defekt. (내 차에 고장이 났다.)

- Der Motor ist überhitzt. (엔진 과열이다.)

- Mein Wagen muss abgeschleppt werden. (내 차가 견인되어야 한다.)

- Ich muss einen Abschleppwagen rufen. (견인차를 불러야 한다.)

- Der Automechaniker repariert das Auto.
  (자동차 정비공이 자동차를 수리합니다.)

- Können Sie meinen Wagen heute noch reparieren?
  (내 차를 오늘 안으로 수리해주실 수 있습니까?)

- Ich habe einen Platten. (타이어에 펑크가 났다.)

- Ich möchte diesen Reifen wechseln lassen. (이 타이어를 교환해 주세요.)

- Haben Sie ein Reserverad? (스페어타이어가 있습니까?)

- Am linken Kotflügel gibt es einen Kratzer.
  (왼쪽 앞 측면에 흠집이 하나 있습니다.)

- Der Wagen springt nicht an. (시동이 안 걸립니다.)

- Mit diesem Sportwagen kann man bis 280km pro Stunde fahren.
  (이 스포츠카로는 시속 280km까지 달릴 수 있습니다.)

- Der linke Blinker ist defekt. (왼쪽 깜빡이등이 고장 났습니다.)

- Die Bremsen geben Geräusche von sich. (브레이크에서 소리가 납니다.)

- Die Bremsen fassen nicht gut. (브레이크가 잘 들지 않습니다.)

- Prüfen Sie bitte das Motoröl. (엔진 오일을 체크해주세요.)

- Öl läuft aus. (오일이 새고 있습니다.)

- Ich muss einen Ölwechsel machen lassen. (엔진 오일을 갈아야 합니다.)

- Es ist Zeit für einen Ölwechsel. (엔진 오일을 갈아야 할 때가 되었습니다.)

- Bitte prüfen Sie das Kühlwasser. (냉각수를 점검해 주세요.)

- Bitte checken Sie den Reifendruck. (바퀴의 공기압을 점검해 주세요.)

- Die Batterie ist leer. (배터리가 방전되었습니다.)

차량 종류

승용차 der Personenkraftwagen (PKW)	화물차(트럭) der Lastkraftwagen (LKW)
연결식 트레일러 der Sattelzug	관광버스 der Touristenbus
캠핑카 das Wohnmobil	스포츠카 der Sportwagen
오토바이 das Motorrad	2인용 자전거 das Tandem
소형 자동차 der Kleinwagen	중형 자동차 der Mittelklassewagen
SUV 차량 der Geländewagen	미니밴 der Minibus
리무진 승용차 die Limousine	컨버터블 das Kabriolett, das Cabriolet

Ⅰ. 다음 낱말을 독일어로 말해보세요.

    (1) 와이퍼　　_________

    (2) 자동차 보닛　　_________

    (3) (자동차) 핸들　　_________

    (4) 클러치　　_________

    (5) 깜빡이등　　_________

    (6) 백미러　　_________

    (7) (자전거) 핸들　　_________

    (8) 체인　　_________

    (9) 페달　　_________

    (10) 트럭　　_________

Ⅱ. 다음 우리말을 독일어로 말해보세요.

    (1) 자동차의 시동이 걸리지 않는다.

    ____

    (2) 안전벨트를 매세요.

    ____

    (3) 여기 세워주세요.

    ____

    (4) 이 버스가 역으로 갑니까?

    ____

    (5) 엔진오일을 체크해주세요.

    ____

출발 die Abfahrt	도착 die Ankunft
표에 소인을 찍다 die Fahrkarte entwerten	완행열차 der Bummelzug
대기실 der Warteraum	기차의 차량 der Waggon
기차 객실의 칸 das Abteil	침대기차 der Schlafzug
기차의 침대칸 der Schlafwagen	종착역 die Endstation
침대칸 das Schlafwagenabteil	플랫폼 der Bahnsteig
직행기차 der Schnellzug	식당차 der Speisewagen
기차의 식당(칸) das Zugrestaurant	예약 die Reservierung
개찰구 die Ticketbarriere	자동발매기 der Fahrkartenautomat

Information,
Reservierung

정보, 예약

Briefkasten

우체통

Fundbüro

분실물 센터

Zug mit
Autotransportwagen

자동차 수송기차

für Behinderte

장애인용

Warteraum

대기실

Restaurant

음식점

Gepäckaufbewahrung

수하물보관소

Gepäcktrolley

케리어

Gepäckschließfach

자동수하물보관소

Gepäckaufgabe

짐부치기

Treffpunkt

만남의 장소

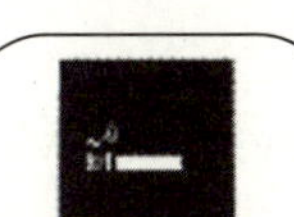
Raucher,
Raucherzone

흡연실

Nichtraucher,
Nichtraucherzone

흡연금지

automatischer
Fahrkartenentwerter

자동개찰기

öffentliches
Telefon

공중전화

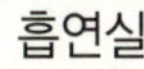
Trinkwasser

식수

kein Trinkwasser

비식수

Toilette

화장실

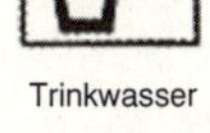
Erste Hilfe

응급처치

 **버스(der Bus)**

- Wo kann man Fahrkarten kaufen? (승차권은 어디서 살 수 있습니까?)

- Wo fahren die Busse nach Würzburg ab?
  (뷔르츠부르크로 가는 버스가 어디에서 출발하죠?)

- Ich steige an der nächsten Haltestelle aus. (다음 정거장에서 내립니다.)

- Lassen Sie mich bitte hier aussteigen. (여기에 내려주세요.)

- Gibt es eine Stadtrundfahrt? (시내 관광버스는 있나요?)

- Nach dem Einsteigen muss man das Ticket entwerten.
  (차에 탄 후 차표에 소인을 찍어야 한다.)

표를 검사하다 die Fahrkarten kontrollieren	
차표를 펀치로 찍다 die Fahrkarte entwerten	
개찰원 der Kontrolleur	
티켓 die Fahrkarte, das Ticket, der Fahrschein	
버스정류장 die Bushaltestelle	
복수 티켓 die Mehrfahrtenkarte	
운전기사 der Busfahrer	
다음 정거장 die nächste Haltestelle	

 **비행기(das Flugzeug)**

- Ich möchte für den nächsten Sonntag einen Flug nach München reservieren.
  (저는 다음 일요일 뮌헨 행 비행을 예약하고 싶습니다.)

- Ist das ein Direktflug? (직항입니까?)

- Muss ich umsteigen? (환승을 해야 합니까?)

- Das ist ein Flug mit einer Zwischenlandung in Paris.
  이것은 파리를 경유하는 항공 편입니다.

- Um wie viel Uhr fliegt die Maschine ab? (비행기는 몇 시에 출발합니까?)

- Wie lange dauert der Flug? (비행은 몇 시간이 걸립니까?)

- Ich möchte meine Reservierung stornieren. (예매를 취소하고 싶습니다.)

- Möchten Sie eine Mileage-Karte? (고객 (마일리지) 카드를 만드시겠습니까?)

• Sie müssen etwa 2 Stunden vor dem Abflug am Flughafen sein.
  출발하기 약 2시간 전에 공항에 나오셔야 합니다.

공항 der Flughafen	비자 das Visum
공항에 마중 나가다 jemanden am Flughafen abholen	
비행기 승무원 das Bordpersonal, der Flugbegleiter, der Steward, die Stewardess	
비행기 티켓 das Flugticket	
비행기를 놓치다 den Flug verpassen, die Maschine verpassen	
비행기를 타다 das Flugzeug nehmen	
비행 der Flug	세관원 der Zollbeamte
세관 der Zoll	세금 die Steuer
관세 der Zoll	시차에 고생하다 unter Jetlag leiden
시차에 적응하다 den Zeitunterschied überwinden	
시차 der Zeitunterschied	신고하다 deklarieren
여권 der Pass	입구 der Eingang
조종사 der Pilot	착륙하다 landen
이륙하다 starten	출구 der Ausgang
비행기에서 내리다 von Bord gehen	탑승권 die Bordkarte
탑승하다 an Bord gehen	화장실 die Toilette
비어있음(화장실) frei	사용 중(화장실) besetzt

Ⅰ. 다음 낱말을 독일어로 말해보세요.

(1) 창구　　　　　　__________

(2) 초고속 열차　　__________

(3) 공항　　　　　　__________

(4) 침대차　　　　　__________

(5) 식당차　　　　　__________

(6) 개찰구　　　　　__________

(7) 응급처치　　　　__________

(8) 탑승권　　　　　__________

(9) 세관　　　　　　__________

(10) 시차　　　　　__________

Ⅱ. 다음 우리말을 독일어로 말해보세요.

(1) 베를린으로 가는 버스가 어디에서 출발합니까?

____

(2) 여기 내려주세요.

____

(3) 함부르크 행 비행을 예약하고 싶습니다.

____

(4) 그 비행기가 몇 시에 출발합니까?

____

(5) 비행이 얼마나 걸립니까?

____

휴가(der Urlaub) / 여행(die Reise)

- Ich habe in einer Woche Urlaub. (일주일 후면 난 휴가다.)

- Ich gehe in einer Woche in Urlaub. (나는 일주일 후에 휴가 간다.)

- Ich werde nach Deutschland reisen. (나는 독일로 여행을 떠날 것이다.)

- Bevor ich verreise, werde ich mich im Reisebüro informieren.
  (떠나기 전에 나는 여행사에서 정보를 얻을 것이다.)

- Wenn man länger als drei Monate in Deutschland bleiben will, braucht
  man ein Visum. (독일에 3개월 이상 머무르기 위해서는 비자가 필요하다.)

- Ich werde meinen Koffer packen / auspacken. (나는 가방을 쌀/풀 것이다.)

여행가방 die Reisetasche, der Koffer	배낭 der Rucksack
핸드캐리어 der Trolley	수화물 das Handgepäck
트렁크 der Koffer	주로 배에 차는 여행용 가방 die Gürteltasche
호수 der See	비치볼 der Strandball
파도 die Welle	바위 der Felsen
선크림 die Sonnencreme	수상스키 der Wasserski
서핑보드 das Surfbrett	잠수부 der Taucher
물안경 die Schwimmbrille	잠수안경 die Taucherbrille
잠수부 튜브 호흡관 der Schnorchel	구명조끼 die Rettungsweste
오리발 die Schwimmflossen	침낭 der Schlafsack
공기매트리스 die Luftmatratze	일사병 der Sonnenstich, der Hitzschlag

- Man kann bei der Touristeninformation einen Stadtplan umsonst
  bekommen. (여행자 센터에서 시내 지도를 무료로 얻을 수 있습니다.)

세계지도 die Weltkarte	전국지도 die Landkarte
지방지도 die Regionalkarte	시내지도 der Stadtplan
지하철노선도 der U-Bahnlinienplan	버스노선도 der Buslinienplan
운행시간표 der Fahrplan	

- Er verbringt seinen Urlaub am Meer / in den Bergen / auf dem Land / im Ausland. (그는 바다에서 / 산에서 / 시골에서 / 외국에서 휴가를 보낸다.)

- Vor dem Sonnenbaden am Strand sollte man sich mit Sonnencreme einreiben. (해변가에서 선탠하기 전에는 몸에 선크림을 발라야 한다.)

- Während Michael schwimmt, spielen die Kinder am Strand im Sand. (미하엘이 수영하는 동안 아이들은 해안가 모래밭에서 논다.)

- Ich fahre im Winter in die Berge, um Ski zu fahren. (나는 스키를 타기 위해 겨울에 산으로 간다.)

- Er fährt so gut Ski, dass er die Piste für Fortgeschrittene benutzt. (그는 스키를 매우 잘 타서 상급자 코스를 이용한다.)

- Es macht Spaß, mit dem Skilift zu fahren. (리프트를 타는 것은 재미있다.)

- Im Urlaub zelte ich lieber als im Hotel zu übernachten. (휴가 때 나는 호텔에 묵기보다 캠핑하는 것을 더 좋아한다.)

- Ich habe ein Wohnmobil und ein Zelt. (나는 캠핑카와 텐트가 있다.)

- Wollen wir zelten? Hast du einen Schlafsack? (우리 텐트 칠까? 침낭 있어?)

- Ich bin in Deutschland per Anhalter / mit dem Fahrrad / mit dem Auto gereist. (나는 스페인에서 히치하이킹으로 / 자전거로 / 자동차로 여행했다.)

Ⅰ. 다음 낱말을 독일어로 말해보세요.

(1) 구름　　　　　　　　＿＿＿＿＿＿＿＿＿

(2) 지평선　　　　　　　＿＿＿＿＿＿＿＿＿

(3) 튜브　　　　　　　　＿＿＿＿＿＿＿＿＿

(4) 해변가　　　　　　　＿＿＿＿＿＿＿＿＿

(5) 배낭　　　　　　　　＿＿＿＿＿＿＿＿＿

(6) 호수　　　　　　　　＿＿＿＿＿＿＿＿＿

(7) 잠수부　　　　　　　＿＿＿＿＿＿＿＿＿

(8) 침낭　　　　　　　　＿＿＿＿＿＿＿＿＿

(9) 지하철 노선도　　　＿＿＿＿＿＿＿＿＿

(10) 선크림　　　　　　＿＿＿＿＿＿＿＿＿

Ⅱ. 다음 우리말을 독일어로 말해보세요.

(1) 일주일 후에 나는 휴가 간다.

＿＿＿＿＿＿＿＿＿＿＿＿＿＿＿＿＿＿＿＿＿＿＿＿＿＿＿＿＿

(2) 3개월 이상 독일에 머무르려면 비자가 필요하다.

＿＿＿＿＿＿＿＿＿＿＿＿＿＿＿＿＿＿＿＿＿＿＿＿＿＿＿＿＿

(3) 오늘 저녁에 가방을 쌀 것이다.

＿＿＿＿＿＿＿＿＿＿＿＿＿＿＿＿＿＿＿＿＿＿＿＿＿＿＿＿＿

(4) 나는 외국에서 휴가를 보낸다.

＿＿＿＿＿＿＿＿＿＿＿＿＿＿＿＿＿＿＿＿＿＿＿＿＿＿＿＿＿

(5) 겨울에 나는 스키를 타기 위해서 산으로 간다.

＿＿＿＿＿＿＿＿＿＿＿＿＿＿＿＿＿＿＿＿＿＿＿＿＿＿＿＿＿

호텔(das Hotel)

호텔지배인 der Hotelmanager	벨보이 der Hotelpage
포터 der Gepäckträger	방청소부 das Zimmermädchen
엘리베이터보이 der Aufzugpage	수위 der Portier
비상구 der Notausgang	체크인 der Check-in
숙박부 das Anmeldebuch	1인실 das Einzelzimmer
2인실 das Doppelzimmer, das Zweibettzimmer	

체크아웃 das Check-out	에어컨 die Klimaanlage
룸서비스 der Zimmerservice	팁 das Trinkgeld
모닝콜 der Weckruf	목욕가운 der Bademantel
수건 das Handtuch	히터 die Heizung
비누 die Seife	호텔경영자 der Hotelmanager

호텔정보

- Kann man von hier aus ein Hotelzimmer reservieren?
  (여기서 호텔 예약이 가능합니까?)

- Können Sie mir ein preiswertes Hotel empfehlen?
  (가격이 괜찮은 호텔을 하나 추천해 주실 수 있습니까?)

- Haben Sie noch ein Zimmer frei? (빈 방 있습니까?)

- Tut mir Leid. Alle Zimmer sind belegt. (죄송합니다. 방이 모두 찼습니다.)

- Ich habe ein Zimmer reserviert. (방을 하나 예약했습니다.)

- Unter welchem Namen wurde reserviert? / Auf welchen Namen läuft die
  Reservierung? (어떤 이름으로 예약하셨습니까?)

- Möchten Sie ein Zimmer mit Dusche oder mit Bad?
  (샤워 시설이 있는 방을 원하십니까, 아니면 욕실이 딸린 방을 원하십니까?)

- Ich möchte ein Zimmer mit Meeresblick. (바다가 보이는 방을 주세요.)

- Was kostet das Zimmer? (그 객실은 얼마입니까?)

- Ist das mit oder ohne Frühstück? (아침식사 포함인가요?)

- Ich möchte das Zimmer wechseln. (방을 바꿨으면 좋겠습니다.)

- Ich möchte ein anderes Zimmer. (다른 방을 원합니다.)

- Bis wie viel Uhr muss ich auschecken? (몇 시까지 체크아웃을 해야 합니까?)

- Nehmen Sie Reiseschecks? (여행자 수표를 받습니까?)

- Wo ist das Restaurant? (식당은 어디에 있습니까?)

- Um wie viel Uhr öffnet das Restaurant? (식당은 몇 시에 엽니까?)

- Das bestellte Essen ist noch nicht gekommen.
  (주문한 식사가 아직 나오지 않았습니다.)

- Das bestellte Frühstück ist noch nicht gekommen./Das bestellte Frühstück
  wurde noch nicht gebracht. (주문한 아침식사가 아직 안 왔습니다.)

- Wecken Sie mich bitte morgen um 7 Uhr. (내일 아침 7시에 깨워주세요.)

- Ich hätte gern etwas Eis und Wasser. (얼음과 물을 좀 가져다주세요.)

- Ich möchte diese Kleidung reinigen lassen. (이 옷을 세탁해주세요.)

- Können Sie dieses Gepäck für mich aufbewahren?/Kann ich dieses
  Gepäck bei Ihnen aufbewahren lassen? (이 짐을 맡아 주실 수 있습니까?)

- Könnte ich bitte mein Gepäck haben? (맡긴 짐을 찾고 싶습니다.)

- Kann ich meine Wertsachen aufbewahren lassen?
  (귀중품을 맡길 수 있을까요?)

- Geben Sie mir bitte eine Karte mit der Hoteladresse.
  (이 호텔 주소가 적힌 카드 한 장 주세요.)

- Kann hier jemand Englisch? (여기 누가 영어를 할 줄 압니까?)

- Ich habe meinen Schlüssel im Zimmer vergessen.
  (열쇠를 방안에 두고 나왔습니다.)

- Das Zimmer ist zu laut. (이 방은 너무 시끄럽습니다.)

- Die Toilette ist defekt. (변기가 고장이 났습니다.)

- Es gibt kein warmes Wasser. / Es kommt kein warmes Wasser.
  (온수가 나오지 않습니다.)

- Schicken Sie mir bitte einen Pagen. (서비스 맨 한 사람 보내주세요.)

- Schicken Sie mir bitte einen Gepäckträger.
  (짐 나르는 사람 한 명 보내주세요.)

• Rufen Sie mir bitte ein Taxi. (택시 한 대 불러 주세요.)

• Die Rechnung, bitte. (계산서 부탁합니다.)

Ⅰ. 다음 낱말을 독일어로 말해보세요.

(1) 접수　＿＿＿＿＿＿

(2) 짐　＿＿＿＿＿＿

(3) 벨 보이　＿＿＿＿＿＿

(4) 수위　＿＿＿＿＿＿

(5) 비상구　＿＿＿＿＿＿

(6) 체크아웃　＿＿＿＿＿＿

(7) 모닝콜　＿＿＿＿＿＿

(8) 히터　＿＿＿＿＿＿

(9) 룸서비스　＿＿＿＿＿＿

(10) 2인실　＿＿＿＿＿＿

Ⅱ. 다음 우리말을 독일어로 말해보세요.

(1) 빈 방이 있습니까?

＿＿＿＿＿＿＿＿＿＿＿＿＿＿＿＿＿＿＿

(2) 방을 하나 예약했습니다.

＿＿＿＿＿＿＿＿＿＿＿＿＿＿＿＿＿＿＿

(3) 그 객실은 얼마입니까?

＿＿＿＿＿＿＿＿＿＿＿＿＿＿＿＿＿＿＿

(4) 방을 바꿨으면 좋겠습니다.

＿＿＿＿＿＿＿＿＿＿＿＿＿＿＿＿＿＿＿

(5) 식당이 몇 시에 문을 엽니까?

＿＿＿＿＿＿＿＿＿＿＿＿＿＿＿＿＿＿＿

- Ich surfe jeden Tag im Internet. (나는 매일 인터넷 서핑을 한다.)

- Er spielt gerne Spiele an meinem Computer.
  (그는 내 컴퓨터에서 게임하기를 좋아한다.)

- Er chattet per Computer. (그는 컴퓨터로 채팅을 한다.)

- Gibt es hier Internetzugang? Ich muss eine E-Mail schreiben.
  (여기 인터넷 연결이 있습니까? 이메일을 써야 해서요.)

- Wie lautet Ihre E-Mail-Adresse? (이메일 주소가 어떻게 됩니까?)

- Wenn Sie Fragen haben, schreiben Sie an meine E-mail-Adresse.
  (질문이 있으면 제 이메일 주소로 연락하세요.)

메뉴표시줄 die Menüleiste	커서 der Cursor
스캐너 der Scanner	하드디스크 die Festplatte
레이저프린터 der Laserdrucker	잉크젯프린터 der Tintendrucker
토너 der Toner	사운드카드 die Soundkarte
비디오카드 die Videokarte	네트워크 카드 die Netzwerkkarte
모뎀 das Modem	연장코드 das Verlängerungskabel
프로세서 der Prozessor	CD드라이브 die CD-ROM
게시판 das Schwarze Brett	윈도우 das Fenster
브라우저 der Browser	북마크 das Lesezeichen
서버 der Server	인터넷 das Internet
인터넷 사용자 der Internetnutzer, der Internetanwender	
이메일주소 die E-Mail-Adresse	웹사이트 die Webseite
해커 der Hacker	질문방(Q&A) Fragen und Antworten
채팅 das Chatten	홈페이지 die Homepage
소프트웨어 die Software	서핑하다 surfen
문자 der Text	댓글 der Kommentar
악플 ein boshafter Kommentar	도메인시스템 das Domänensystem
부팅디스켓 die Bootdiskette	바이러스 der Virus
백신 das Antivirenprogramm	백업 die Sicherheitskopie
마우스패드 das Mauspad	아이콘 das Icon
툴바 die Werkzeugleiste	스팸 der Spam, die Junkmail

www : Wewewe	_ : Strich unten
@ : at	/ : der Schrägstrich, slash
· : der Punkt	, : das Komma
– : der Bindestrich, Minus	' : das Apostroph
대문자 A : großes A	소문자 a : kleines a
모두 붙여서 : ohne Leerstelle, alles aneinander	

- Er schaltet den Computer ein / aus. (그가 컴퓨터를 켠다 / 끈다.)

- Er bootet / startet den Computer. (그는 컴퓨터를 부팅시킨다 / 켠다.)

- Er klickt mit der Maus das Icon an. (그는 마우스로 아이콘을 클릭한다.)

- Wie kann man auf die letzte Seite zurückgehen?
  (이전 사이트로 되돌아가려면 어떻게 해야 하죠?)

- Sie brauchen nur auf "Zurück" zu drücken. ("Zurück"만 누르면 됩니다.)

- Ich möchte diese Datei sichern. (나는 이 파일을 저장하고 싶다.)

- Ich möchte diese Datei nicht speichern. (나는 이 파일을 저장하고 싶지 않다.)

- Vergessen Sie nicht, diese Datei zu speichern.
  (이 파일 저장하는 것을 잊지 마세요.)

- Ich brauche diese Datei nicht. Ich lösche sie.
  (나는 이 파일이 필요 없다. 이것을 지운다.)

- Wenn ich die Arbeit beende, schalte ich den Computer aus.
  (작업을 끝내면, 나는 컴퓨터를 끈다.)

- Der Computer ist abgestürzt. (컴퓨터가 다운되었다.)

- In diesem Ordner finden Sie alle Dateien zu dem Thema.
  (이 폴더는 그 주제에 관한 모든 파일이 들어있습니다.)

- Wenn man eine Datei in einem anderen Ordner ablegen möchte, klickt
  man sie mit der Maus an und zieht sie dorthin.
  (파일을 다른 폴더로 옮기려면, 그것을 마우스로 클릭한 후 그곳으로 가지고 간다.)

- Kennen Sie dieses Programm? (이 프로그램을 아십니까?)

- Wissen Sie, wie man dieses Programm benutzt?
  (이 프로그램을 어떻게 사용하는지 아십니까?)

- Mit diesem Programm kann ich nicht umgehen. Bitte erklären Sie es mir.
  (이 프로그램을 사용할 줄 모릅니다. 설명해주세요.)

- Ich kenne nur einige Textverarbeitungsprogramme.
  (나는 몇 가지 문서작성 프로그램밖에 모릅니다.)

- Er ist Computerspezialist. (그는 컴퓨터 전문가이다.)

- Heutzutage sind alle Büros computerisiert/mit Computern ausgestattet.
  (오늘날 모든 사무실에 컴퓨터가 있다.)

이 메 일	die E-Mail
받은편지함	Posteingang
보낸편지함	Postausgang
발 송 항 목	Gesendete Objekte
삭 제 항 목	Gelöschte Objekte
휴 지 통	Papierkorb
스 팸 편 지	Spammail
모르는사용자	Unbekannter Nutzer
첨 부 파 일	der Anhang

- Wenn Sie wollen, können Sie Ihre Dateien auf CDs brennen.
  (원하시면, 당신의 파일들을 CD로 구울 수 있다.)

- Zur Sicherheit kopiere ich die Daten auf einen USB-Stick.
  (만약을 위해서 나는 데이터를 USB 스틱에 복사한다.)

- Wenn man auf eine E-Mail antworten möchte, braucht man nur "Antworten" anzuklicken.
  (이메일에 답장하려면, "Antworten"만 클릭하면 됩니다.)

- Die Einzelheiten finden Sie in der angehängten Datei.
  (자세한 내용은 첨부 파일에 들어 있습니다.)

- Der Anhang der E-Mail eines unbekannten Absenders kann Viren enthalten.
  (모르는 발신자의 메일에 딸린 첨부파일은 바이러스를 포함할 수 있다.)

Ⅰ. 다음 낱말을 독일어로 말해보세요.

(1) 헤드폰 ______________

(2) 프린터 ______________

(3) 키보드 ______________

(4) 스캐너 ______________

(5) 게시판 ______________

(6) 서버 ______________

(7) 메일주소 ______________

(8) 서핑하다 ______________

(9) 백신 ______________

Ⅱ. 다음 우리말을 독일어로 말해보세요.

(1) 여기 인터넷 연결이 있습니까?

____

(2) 이메일 주소가 어떻게 됩니까?

____

(3) 이 파일을 저장하고 싶습니다.

____

(4) 컴퓨터가 다운되었습니다.

____

(5) 이 프로그램을 사용할 줄 모릅니다. 설명해 주세요.

____

전화 (das Telefon)

Das Telefon klingelt.
(전화벨이 울린다.)

Ich nehme den Hörer
ab und antworte.
(수화기를 들고 대답한다.)

Ich wähle die Telefonnummer.
(전화번호를 누른다.)

Ich lege den Hörer auf.
(수화기를 내려놓는다.)

수화기 der Hörer	전화버튼 die Telefontaste
핸드폰 das Handy	자동응답기 der automatische Anrufbeantworter
요금 die Gebühren	전화카드 die Telefonkarte
전화번호부 das Telefonbuch	벨소리 der Klingelton
전화박스 die Telefonzelle	내선 der Nebenanschluss, der Hausanschluss
메시지 die Nachricht	긴급전화 der Notruf
교환원 der Telefonist	국가번호 die Ländervorwahl, die Landesvorwahl

독일(Deutschland) 49	오스트리아(Österreich) 43
스위스(die Schweiz) 41	리히텐슈타인(Liechtenstein) 423

지역번호(die Ländervorwahl)

드레스덴(Dresden) 0351	라이프치히(Leipzig) 0341
뮌헨(München) 089	베를린(Berlin) 030
본(Bonn) 0228	프랑크푸르트(Frankfurt) 069
하노버(Hannover) 0511	함부르크(Hamburg) 040

전화를 받으면 우선 자신의 이름을 말한다. 전화를 건 사람도 마찬가지로 자신의 신분을 먼저 밝힌다. 친한 사이에는 성은 말하지 않고 이름만 말하지만, 격식을 차려야 하는 사이에는 성도 함께 말한다. 통화를 종료할 때는 Auf Wiederhören!이라고 한다.

- Darf ich einmal telefonieren? (전화 좀 사용해도 될까요?)

- Wer ist am Apparat? (누구세요?)

- Ich möchte Herrn / Frau … sprechen. (… 씨와 통화하고 싶습니다.)

- Verbinden Sie mich bitte mit … (~좀 바꿔주세요.)

- Am Apparat. (접니다.)

- Einen Augenblick, bitte. (잠시만 기다리세요.)

- Bleiben Sie bitte am Apparat. (끊지 말고) 기다려 주세요.

- Er ist im Moment nicht da. (그 분은 지금 안 계십니다.)

- Rufen Sie bitte später noch einmal an. (나중에 다시 전화 걸어주세요.)

- Die Verbindung ist sehr schlecht. Bitte legen Sie auf und wählen Sie noch einmal. (연결 상태가 매우 안 좋습니다. 전화를 끊고 다시 걸어주세요.)

- Wie ist Ihre Telefonnummer? (전화번호가 어떻게 되시죠?)

- Es ist besetzt. (통화 중입니다.)

- Kein Anschluss unter dieser Nummer. (가입자가 없는 번호입니다.)

- Könnten Sie bitte etwas langsamer sprechen?
  (좀 더 천천히 말씀해 주시겠습니까?)

- Könnten Sie bitte etwas lauter sprechen?
  (좀 더 큰소리로 말씀해주실 수 있겠습니까?)

- Soll ich etwas ausrichten? (전할 말씀이라도 있습니까?)

- Könnten Sie bitte ... etwas ausrichten? (…에게 말씀 좀 전해주시겠습니까?)

- Kann ich eine Nachricht für ... hinterlassen? (…에게 메시지를 남겨도 될까요?)

- Sagen Sie ihm bitte, dass ich angerufen habe.
  (그 사람에게 제가 전화했다고 전해주십시오.)

- Sagen Sie ihm bitte, er soll mich anrufen. (제게 전화하라고 전해주십시오.)

- Er ist im Moment in einer Sitzung. (그는 지금 회의 중입니다.)

- Hier gibt es niemanden mit diesem Namen.
  (여기에는 그런 이름을 가진 사람은 없습니다.)

- Entschuldigung, ich habe mich verwählt.
  (죄송합니다. 잘못 걸었습니다.)

- Machen Sie häufig Ferngespräche? (장거리 전화를 많이 거십니까?)

- In Deutschland sind Ortsgespräche kostenlos.
  (독일에서 지역 내 통화는 무료이다.)

- Das ist ein internationales Telefongespräch. Bitte fassen Sie sich kurz.
  (이것은 국제 통화입니다. 간단히 말씀해 주세요.)

- Vielen Dank für Ihren Anruf. (전화 주셔서 감사합니다.)

- Ich rufe später noch einmal an. (나중에 다시 전화 드리겠습니다.)

- Im Moment bin ich sehr beschäftigt. Kann ich später zurückrufen?
  (지금 제가 몹시 바쁩니다. 제가 나중에 전화 드려도 될까요?)

 응답기(der Anrufbeantworter)

(1) Guten Tag. Hier ist der Anschluss von Klaus Nindel. Im Moment bin
ich leider nicht zu Hause. Bitte hinterlassen Sie eine Nachricht oder
Ihre Nummer. Ich werde Sie zurückrufen.
(안녕하세요. 클라우스 닌델입니다. 지금은 제가 집에 없습니다. 메시지나 전화
번호를 남겨주세요. 전화 드리겠습니다.)

(2) Das ist der Anrufbeantworter von Brigitte Siera. Zurzeit bin ich leider nicht zu erreichen. Nach dem Piepston können Sie eine Nachricht hinterlassen. Ich werde mich so bald wie möglich bei Ihnen melden. Vielen Dank. Piep – (이것은 브리기테 지라의 자동응답기입니다. 지금은 제가 통화할 수 없습니다. 삐 소리 후 메시지를 남겨주세요. 가능한 한 빨리 연락 드리겠습니다. 감사합니다. 삐–.)

주요 전화번호(wichtige Telefonnummern)

유럽지역에서의 긴급통화 Europaweite Notrufnummer: 112

- Deutschland:
  - 경찰 Polizei: 110
  - 소방서/구조대 Feuerwehr/Rettungsdienst: 112
  - 구조대 또는 환자이송 Rettungsdienst bzw. Krankentransport: 112 oder 1 92 22
  - 전화상담 Telefonseelsorge: 0800110111
  - 전화번호 안내 Telefonauskunft Deutschland: 11833

- Österreich:
  - 경찰 Polizei: 133
  - 소방서 Feuerwehr: 122
  - 의료 응급서비스 Ärztlicher Notdienst: 141
  - 오스트리아 수상 구조 Österreichische Wasserrettung: 130
  - 산악 구조 서비스 Bergrettungsdienst: 140
  - 가스사고 긴급전화 Gasnotruf: 128
  - 전화 상담 Rat auf Draht (Kinder – und Jugend – Telefonhilfe) 147

- Schweiz:
  - 경찰 Polizei: (1)17
  - 소방 Feuerwehr: 118
  - 긴급전화 Notruf: 144

Ⅰ. 다음 낱말을 독일어로 말해보세요.

(1) 수화기　　　　　＿＿＿＿＿＿＿＿

(2) 핸드폰　　　　　＿＿＿＿＿＿＿＿

(3) 전화카드　　　　＿＿＿＿＿＿＿＿

(4) 벨소리　　　　　＿＿＿＿＿＿＿＿

(5) 긴급전화　　　　＿＿＿＿＿＿＿＿

(6) 내선　　　　　　＿＿＿＿＿＿＿＿

(7) 지역번호　　　　＿＿＿＿＿＿＿＿

(8) 자동응답기　　　＿＿＿＿＿＿＿＿

(9) 장거리 전화　　　＿＿＿＿＿＿＿＿

(10) 메시지　　　　　＿＿＿＿＿＿＿＿

Ⅱ. 다음 우리말을 독일어로 말해보세요.

(1) 김 선생님 좀 부탁합니다.

＿＿＿＿＿＿＿＿＿＿＿＿＿＿＿＿＿＿＿＿＿

(2) 접니다.

＿＿＿＿＿＿＿＿＿＿＿＿＿＿＿＿＿＿＿＿＿

(3) 좀 더 천천히 말씀해주시겠습니까?

＿＿＿＿＿＿＿＿＿＿＿＿＿＿＿＿＿＿＿＿＿

(4) 메시지를 남겨도 될까요?

＿＿＿＿＿＿＿＿＿＿＿＿＿＿＿＿＿＿＿＿＿

(5) 나중에 다시 전화 드리겠습니다. 안녕히 계세요.

＿＿＿＿＿＿＿＿＿＿＿＿＿＿＿＿＿＿＿＿＿

28  느낌 (die Empfindung) − I

Mir ist heiß.
(덥다.)

Mir ist kalt.
(춥다.)

Ich habe Hunger.
(배고프다.)

Ich bin enttäuscht.
(실망스럽다.)

Ich bin gut gelaunt.
(기분이 좋다.)

Ich bin ärgerlich.
(화가 난다.)

Ich bin traurig.
(슬프다.)

Ich weine.
(울고 있다.)

Ich lache.
(웃고 있다.)

Mir ist es völlig egal.
(알게 뭐람!) 될 대로 되라지!

Ich habe Durst.
(목마르다.)

Ich bin müde.
(피곤하다.)

기쁨 die Freude	슬픔 die Trauer
행복 das Glück	불행 das Unglück
실망 die Enttäuschung	절망 die Verzweiflung
화 der Ärger	분노 die Wut
격노 der Zorn	만족 die Zufriedenheit
불만족 die Unzufriedenheit	

기분 좋을 때

- Schön, dich zu sehen. (너를 보아 기분 좋다.)

- Ich freue mich, dich zu sehen. (너를 만나 기분이 좋아.)

- Ich bin außer mir vor Freude. (나는 좋아 죽겠어.)

- Ich bin bewegt. / Ich bin gerührt. (나는 감동했다.)

- Super. Alles hat gut geklappt. (아주 좋아. 모든 게 잘 되었어.)

기분 나쁠 때

- Ich hasse das! (너무 싫다.)

- Ich bin stinksauer! (너무 화났다.)

- Ich bin wütend! (너무 화가 난다.)

- Ich habe die Nase voll! / Ich habe es satt! (지겹다.)

- Lass mich in Ruhe! / Reg mich nicht auf! (나 건드리지 마.)

- Geh mir nicht auf die Nerven! (내 성질 건드리지 마)

- Ich platze vor Wut! (화가 나서 폭발할 지경이다.)

- Du weißt, dass du Mist baust?! /

  Du weißt, dass du ein Problem schaffst?! (너 일 만들고 있는 거 알지?)

- Ich bin todtraurig. (너무 슬프다.)

- Ich könnte weinen. / Mir ist zum Weinen zumute. (울고 싶다.)

- Ich bin total niedergeschlagen. / Ich bin sehr deprimiert. (매우 우울하다.)

- Das ist Glück im Unglück! (불행 중 다행이다.)

- Ich habe die ganze Nacht geheult. (나는 밤새 울었다.)

- Entschuldigung. / Verzeihung. (미안합니다.)

- Verzeihen Sie mir bitte. (용서해 주세요.)

- Ich bitte um Entschuldigung. (용서를 구합니다.)

- Entschuldigen Sie bitte, was ich angerichtet habe.
  (제가 저지른 일을 용서해주세요.)

- Das habe ich nicht mit Absicht gemacht. (그것은 고의가 아니었습니다.)

- Ich werde wahnsinnig! (미치겠네!)

- Das macht mich wahnsinnig! (그것이 나를 미치게 만드네!)

- Kümmere dich um deine eigenen Angelegenheiten! (네 일이나 신경 써라!)

- Das geht dich nichts an. (너랑 상관없잖아!)

- Ich halte das nicht mehr aus! (더 이상 참을 수 없어!)

- Ich kann das nicht mehr dulden! (나는 그것을 더 이상 참을 수 없다!)

- Ich kann das nicht mehr ertragen! (나는 그것을 더 이상 견딜 수 없다!)

- Ich kann das nicht länger hinnehmen! (난 그것을 더 이상 받아들일 수 없다!)

- Ich werde nicht länger warten. (난 더 이상 기다리지 않겠다.)

- Ich bin total erschöpft. / Ich bin total niedergeschlagen. / Ich habe keine Kraft mehr. (난 완전히 맥이 빠졌다.)

- Die Situation ist absolut hoffnungslos. (상황이 완전히 절망적이다.)

- Schluss! Kein Wort mehr! (조용히 해!)

- Halt's Maul! / Halt die Klappe! (닥쳐!)

- Jetzt reicht' s! (됐어!)

- Raus mit dir! / Verschwinde! (나가! / 꺼져!)

- Nerv mich nicht. / Geh mir nicht auf den Geist! (날 짜증나게 하지마라!)

- Niemand hat dich gefragt! / Hat dich jemand gefragt?
  (아무도 네게 질문하지 않았다! / 누가 네게 물었어?)

- Du macht dich wohl lustig über mich! / Du willst mich wohl auf den Arm
  nehmen! (너 나 놀리고 있는 거지! / 너 나를 놀리려는 거지!)

- Ich bin sauer / böse auf dich. (난 네게 화났다.)

- Ich bin wütend. Lass mich in Ruhe. (나 화났어. 건드리지 마.)

Ⅰ. 다음 낱말을 독일어로 말해보세요.

(1) 즐거움　　　________________

(2) 슬픔　　　________________

(3) 화　　　________________

(4) 행복　　　________________

(5) 불행　　　________________

Ⅱ. 다음 우리말을 독일어로 말해보세요.

(1) 덥다.

____

(2) 실망스럽다.

____

(3) 화난다.

____

(4) 피곤하다.

____

(5) 너무 감동했다.

____

(6) 나 건드리지 마.

____

(7) 하루 종일 울었다.

____

(8) 미치겠네.

____

(9) 난 완전히 맥이 빠져있다.

____

(10) 나 놀리고 있는 거지.

____

Ich habe Angst.
(나는 무서워요.)

Ich mache mir Sorgen.
(나는 걱정이 돼요.)

Oh, mein Gott.
(오, 세상에.)

Ich mag kein Fleisch.
(나는 고기를 싫어해요.)

Ich esse sehr gern Kuchen.
(나는 케이크를 아주 좋아해요.)

Oh! Wunderbar!
(어머나! 정말 놀라와요!)

- Ich habe Angst vor Hunden. (나는 개를 무서워한다.)

- Mir ist das Herz in die Hose gerutscht. (간 떨어질 뻔했다.)

- Ich sterbe vor Angst. (무서워 죽겠어.)

- Mir läuft es kalt über den Rücken. (소름이 쫙 끼쳤다.)

- Das ist sehr schade! (너무 안됐다!)

- Das zu tun, bereitet mir Sorgen. (난 그것을 하는 것이 걱정이다.)

- Ich bin sehr besorgt. / Ich mache mir große Sorgen. (난 매우 걱정된다.)

- Ich bin nervös / unruhig. (불안하다.)

- Es war nicht so gut, wie ich mir vorgestellt hatte.
  (생각했던 것처럼 그렇게 좋지는 않았다.)

- Ich habe Angst, krank zu werden. (나는 병에 걸릴까봐 걱정이다.)

- Jetzt bleibt mir keine andere Wahl mehr. (내겐 이제 다른 방법이 없다.)

- Ups! / Hoppla! (아이고! 어머나!)

- Wirklich schön! (정말 예쁘다!)

- Unglaublich! (믿을 수 없다!)

- Wirklich? / Echt? (진짜야? / 정말?)

- Red' nicht davon! (말도 마라!)

- Ist das sicher? (확실해?)

- Das kann ich nicht glauben. / Das glaube ich nicht. (그것을 믿을 수 없다.)

- Es tut mir wirklich Leid. / Es ist sehr schade. (참 유감입니다.)

- Mein herzliches Beileid! (애도를 표합니다.)

- Das ist sehr traurig! (너무 슬픈 일이에요!)

- Arme Leute! (불쌍한 사람들!)

- Ich verstehe dich. (널 이해한다.)

- Es tut mir Leid, dass du deine Stelle verloren hast.
  (네가 실직을 했다니 가슴이 아프다.)

- Es tut mir sehr Leid, dass deine Mutter gestorben ist.
  (네 어머님이 돌아가셨다니 매우 슬프다.)

- Ach, du Armer! (저런, 참 딱하구나!)

- Pardon. / Entschuldigung. / Verzeihung. (죄송합니다.)

- Das war nicht meine Absicht. (고의가 아니었습니다.)

- Das war alles meine Schuld. (모든 것이 제 불찰이었습니다.)

- Ich bitte um Entschuldigung für meinen Fehler.
  (제 실수에 대해 용서를 구합니다.)

- Ich wollte deine Gefühle nicht verletzen.
  (네 감정을 상하게 하고 싶지 않았다.)

- Ich verspreche dir, das nicht noch einmal zu machen. / Ich verspreche
  dir, dass das nicht wieder passiert.
  (그것을 다시 하지 않겠다고 약속하마. / 그 일이 다시 발생하지 않도록 하겠다고
  약속한다.)

- Mir ist es egal. (네게 어떻게든 상관없다.)

- Von mir aus. / Meinetwegen. / Wie du willst. (네가 원하는 대로.)

- Das ist nicht wichtig für mich. (내겐 중요치 않다.)

- Das hat nichts mit mir zu tun. (그것은 나와는 상관없다.)

- Das ist nicht mein Bier / meine Sache / meine Angelegenheit.
  (그것은 내 일이 아니다.)

- Ich habe kein Interesse daran. (나는 그것에 관심이 없다.)

- Ist das wahr? / Stimmt das? (사실이야? / 맞아?)

- Ist das wirklich so? (정말 그래요?)

- Bist du ganz sicher? (완전히 확신하니?)

- Ich zweifle daran. / Ich habe da so meine Zweifel. (의심이 간다.)

- Der Grund ist nicht plausibel / glaubhaft, nicht wahr?
  (이유가 미덥지 않아, 그렇지 않니?)

- Vielleicht. (아마도.)

- Machen Sie sich keine Sorge! (걱정하지 마십시오.)

- Beruhigen Sie sich! (진정하십시오.)

- Meine Erklärung hat ihn beruhigt. (그는 내 말을 듣고 안심했다.)

- Jetzt bin ich beruhigt. (이제 안심이다.)

- Keine Sorge! / Sei unbesorgt! (안심해라.)

- So was kann immer passieren. (그런 일은 언제든지 일어날 수 있다.)

- Beruhige dich. Mach dir keine Gedanken mehr darüber!
  (긴장 풀고, 그것에 대해 더 생각하지 마라!)

Ⅰ. 다음 독일어를 우리말로 말해보세요.

(1) Ich mache mir Sorgen. ________________

(2) Ich habe Angst vor Hunden. ________________

(3) Das kann ich nicht glauben. ________________

(4) Es tut mir wirklich Leid. ________________

(5) Ich bitte um Entschuldigung für meinen Fehler.

____

Ⅱ. 다음 우리말을 독일어로 말해보세요.

(1) 나는 무서워요.

____

(2) 소름이 쫙 끼쳤다.

____

(3) 불안하다.

____

(4) 말도 마라!

____

(5) 널 이해한다.

____

(6) 고의가 아니었습니다.

____

(7) 내겐 중요치 않다.

____

(8) 의심이 간다.

____

(9) 이제 안심이다.

____

(10) 그것은 언제든지 일어날 수 있는 일이다.

____

가족(die Familie)

der Großvater(할아버지) / die Großmutter(할머니)

die Tante(고모) / der Onkel(고모부)
(이모)　　　　(이모부)

der Vater(아버지) / die Mutter(어머니)

der Cousin
(남자사촌)

die Cousine
(여자사촌)

die Schwester
(언니)

der Bruder
(오빠 / 남동생)

ich(나)

der Mann,
der Ehemann
(남편)

der Neffe
(남자조카)

die Nichte
(여자조카)

die Tochter
(딸)

der Sohn
(아들)

der Enkel(손자)

die Enkelin(손녀)

der Mann, der Ehemann (남편)	↔	die Frau, die Ehefrau (아내)
der Schwiegervater (시아버지)	↔	die Schwiegermutter (시어머니)
der Schwager (매형, 매부, 시아주버니)	↔	die Schwägerin (처제, 동서, 형수, 시누이)
der Schwiegersohn (사위)	↔	die Schwiegertochter (며느리)
der Großvater väterlicherseits (친할아버지)	↔	der Großvater mütterlicherseits (외할아버지)

der Schwager, die Schwägerin은 혼인관계로 맺어진 형제관계를 말한다. 따라서 der Schwager는 매형, 매부뿐만 아니라, 처남, 매제, 시아주버니, 시동생 등도 지칭한다.

나이 변화에 따른 표현

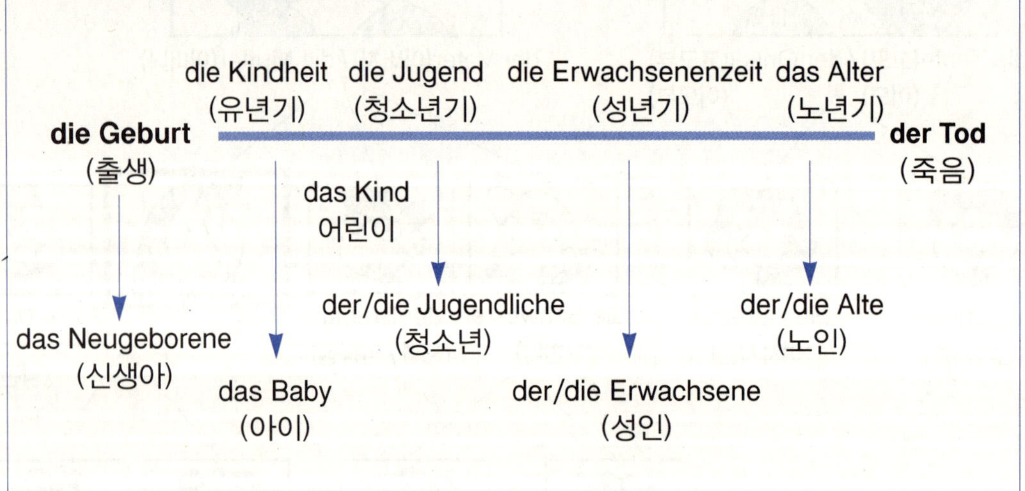

der Teenager 십대

der Twen 이십대

ein Mann in den Dreißigern 삼십대의 남자

eine Frau in den Vierzigern 사십대의 여자

Menschen mittleren Alters 중년의 사람들

eine ältere Frau 중년 부인

ein alter Herr 노년의 신사

Ⅰ. 다음 독일어를 우리말로 말해보세요.

    (1) der Großvater

    (2) der Onkel

    (3) der Cousin

    (4) der Neffe

    (5) der Schwager

    (6) die Großmutter mütterlicherseits

    (7) die Geburt

    (8) eine Frau in den Vierzigern

    (9) eine ältere Frau

    (10) ein alter Herr

Ⅱ. 다음 낱말을 독일어로 말해보세요.

    (1) 할머니

    (2) 이모

    (3) 남편

    (4) 조카(여)

    (5) 손녀

    (6) 사위

    (7) 청소년기

    (8) 노년기

    (9) 죽음

    (10) 노인

31 동물(das Tier)

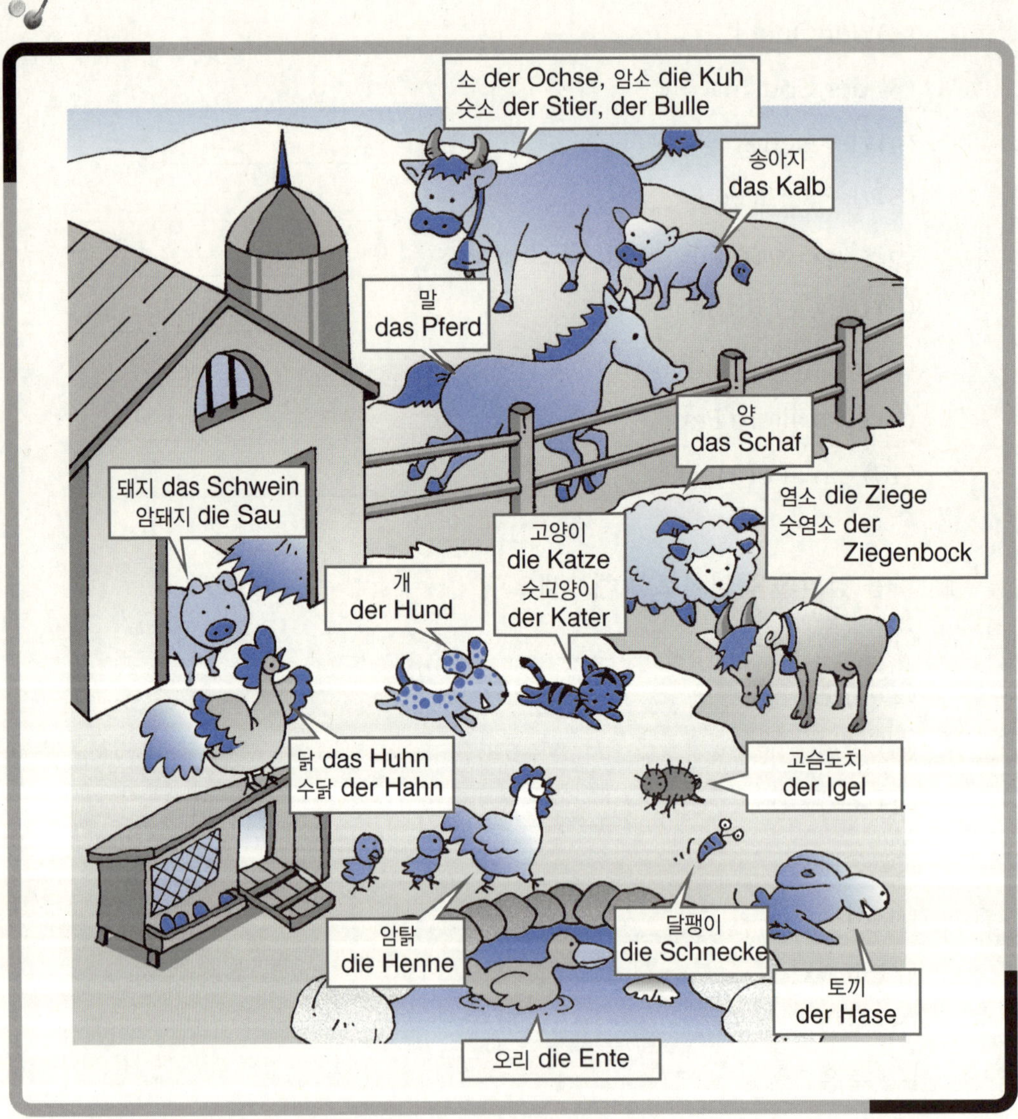

칠면조 der Truthahn	거위 die Gans	숫양 der Schafbock
암양 das Schaf	거북이 die Schildkröte	당나귀 der Esel
어린양 das Lamm	생쥐 die Maus	까마귀 die Krähe
개구리 der Frosch	동물 das Tier	가축 das Vieh / das Nutztier
애완동물 das Haustier	암소 die Kuh	

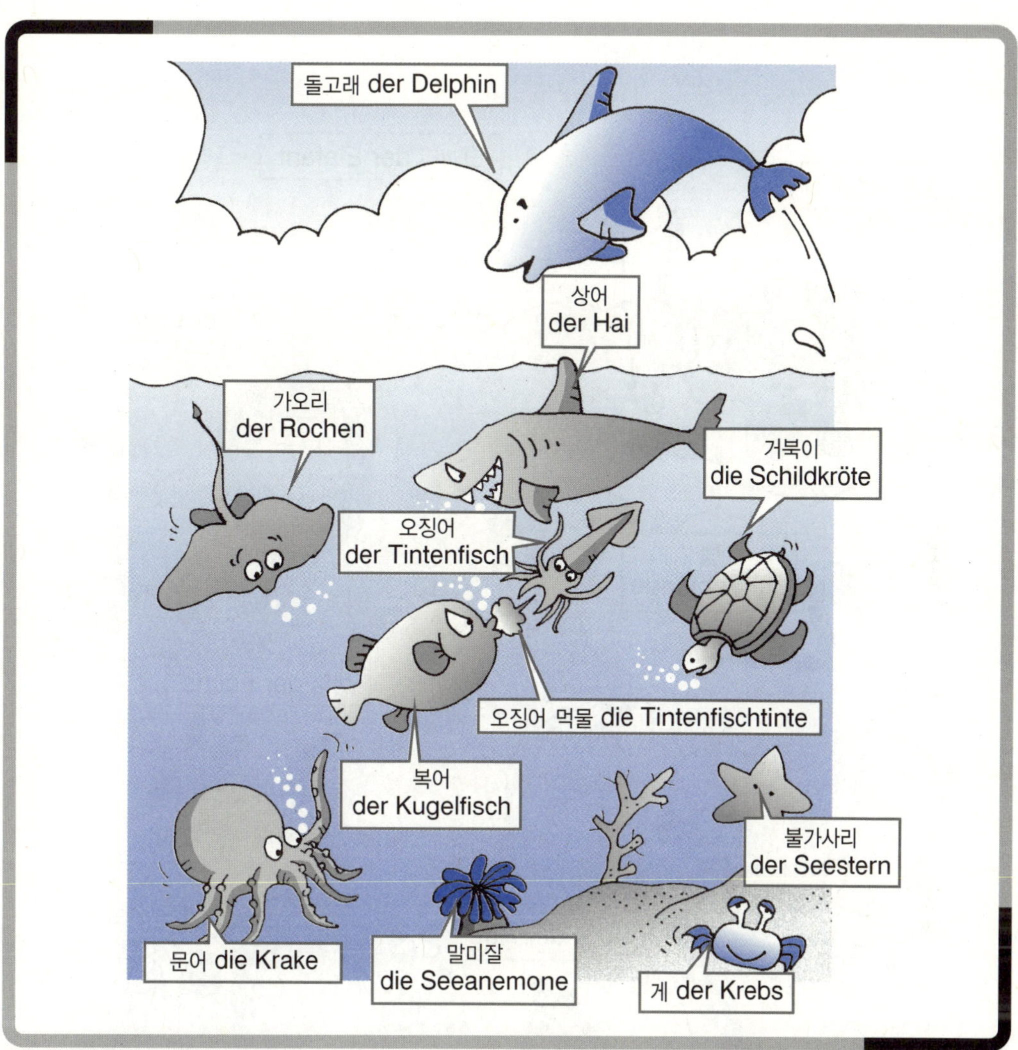

물고기(Fische)

가자미 der Plattfisch	고등어 die Makrele	금붕어 der Goldfisch
대구 der Kabeljau, der Dorsch	멸치 die Anschovis/die Sardelle	
명태 der Pollack	바다가재 der Hummer	상어 der Hai
새우 die Garnele	송어 die Forelle	연어 der Lachs
오징어 der Tintenfisch	잉어 der Karpfen	장어 der Aal
정어리 der Hering	참치 der Thunfisch	홍어 die Flunder
굴 die Auster	홍합 die Miesmuschel	고래 der Wal
펭귄 der Pinguin		

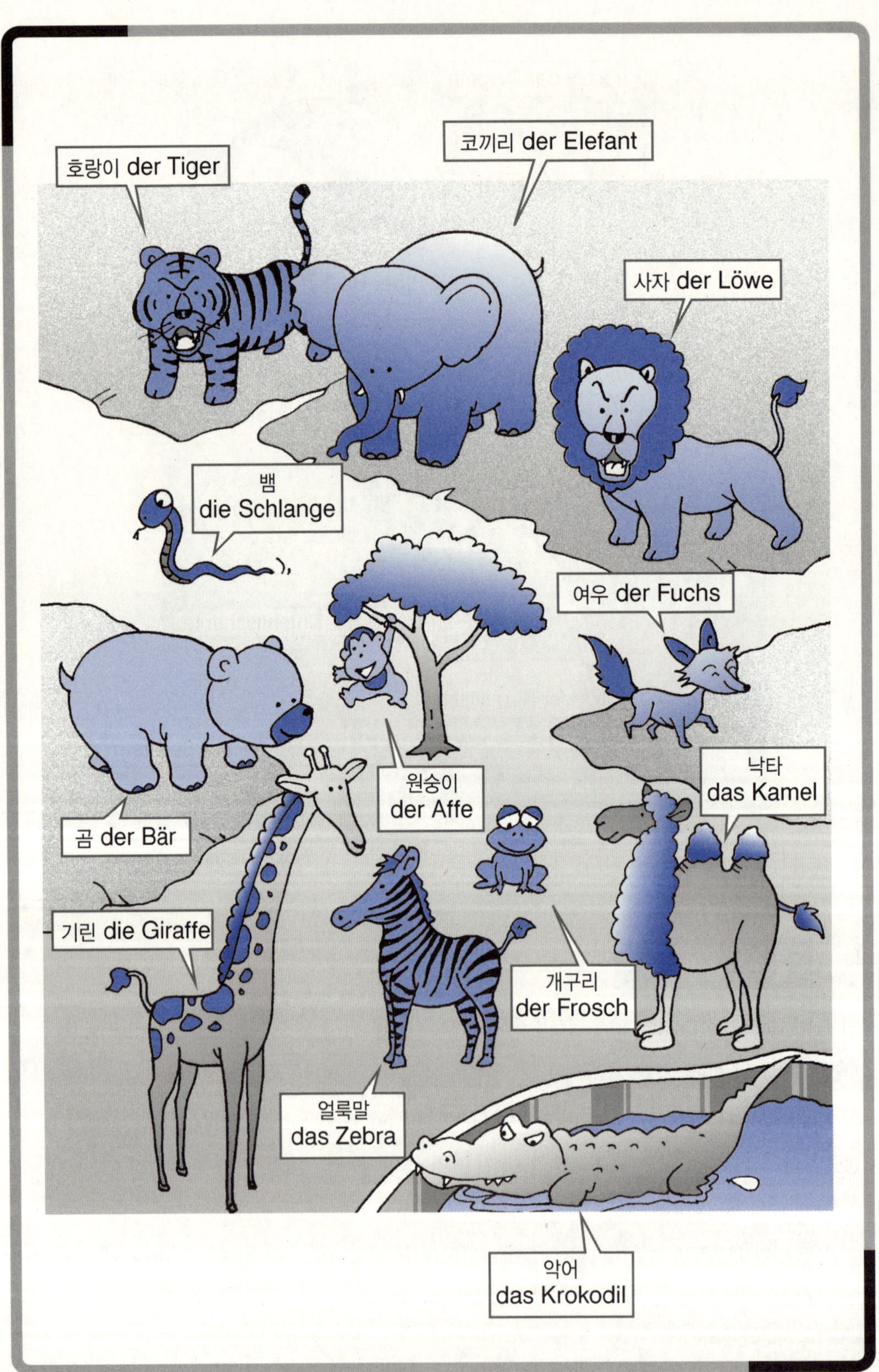
호랑이 der Tiger
코끼리 der Elefant
사자 der Löwe
뱀 die Schlange
여우 der Fuchs
곰 der Bär
원숭이 der Affe
낙타 das Kamel
기린 die Giraffe
개구리 der Frosch
얼룩말 das Zebra
악어 das Krokodil

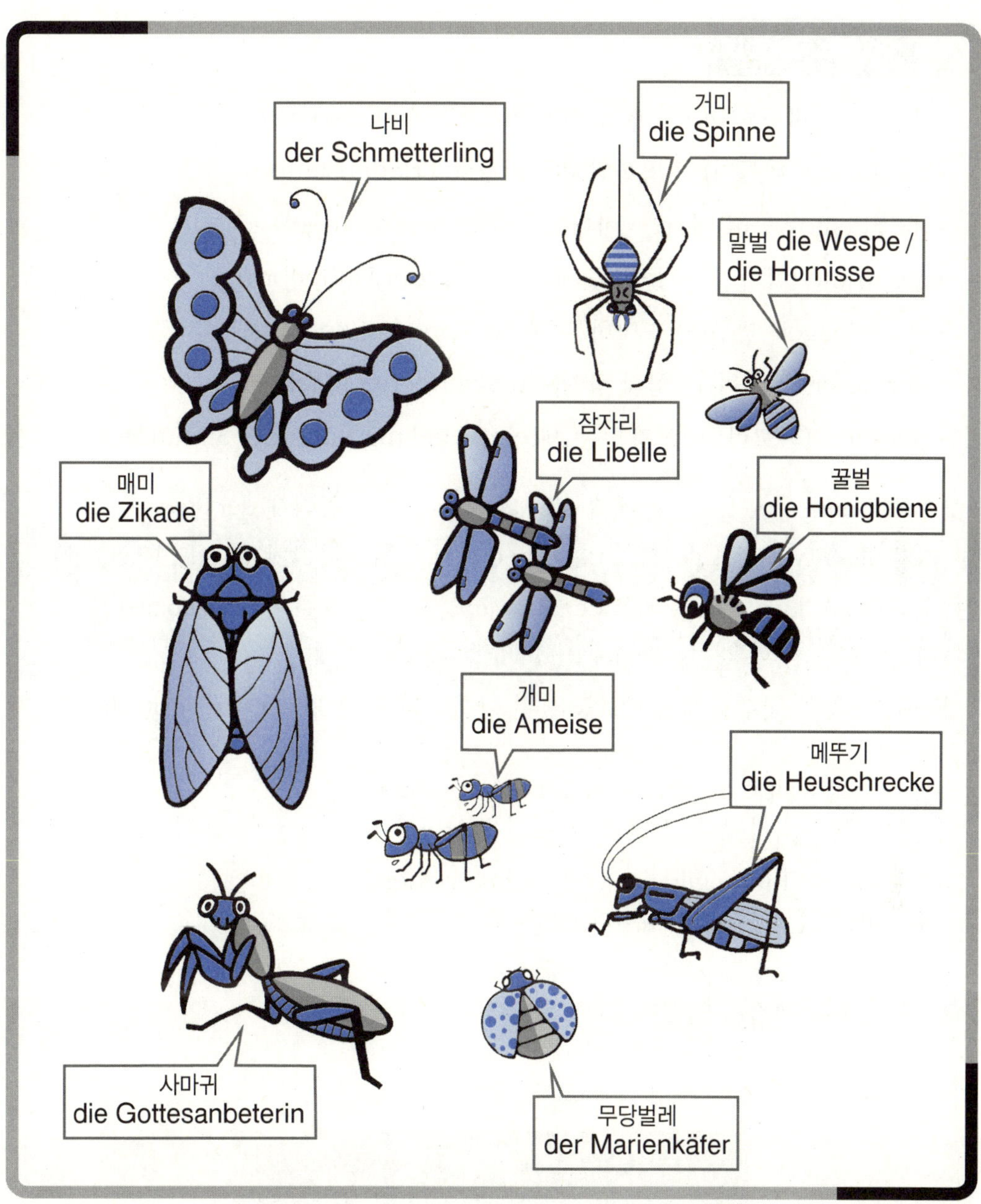

곤충 das Insekt	파리 die Fliege	하루살이 die Eintagsfliege
모기 die Moskito	벌레 der Wurm	바퀴벌레 die Küchenschabe
나방 die Motte	반딧불 das Glühwürmchen	애벌레 die Larve
고치 der Kokon	누에 die Seidenraupe	번데기 die Puppe
풍뎅이 der Käfer		

- die Schwalbe (제비) – 봄의 메신저(der Frühlingsbote)

- die Taube (비둘기) – 평화의 비둘기 (die Friedenstaube)

- die Seemöwe (갈매기) – 바다의 새(der Meeresvogel)

- die Krähe (까마귀) – 불행을 예고하는 새 (der Unheilbringer)

- der Papagei (앵무새) – 말하는 새(ein sprechender Vogel)

- der Adler (독수리) – 힘의 상징(ein Symbol der Macht)

- der Pirol (꾀꼬리) – 노래하는 새(ein Vogel mit flötender Stimme)

갈까마귀 der Rabe	갈매기 die Möwe	공작새 der Pfau
기러기 die Wildgans	까치 die Elster	나이팅게일 die Nachtigall
독수리 der Adler	백조 der Schwan	앵무새 der Papagei
참새 der Spatz	학 der Kranich	
사랑앵무 (깃의 윗부분이 물결모양을 한 황록색의 앵무새) der Wellensittich		

- Eine Schwalbe macht noch keinen Sommer.
  (제비 한 마리가 왔다고 여름이 온 것은 아니다.)

- Die weiße Taube gilt als Symbol des Friedens.
  (흰 비둘기는 평화의 상징이다.)

- Nachtigall, ich hör dir trapsen.
  (무슨 일이 생길지 알겠다.)

Übungen

Ⅰ. 다음 독일어를 우리말로 말해보세요.

(1) der Stier　　　＿＿＿＿＿＿＿＿

(2) das Pferd　　　＿＿＿＿＿＿＿＿

(3) das Schaf　　　＿＿＿＿＿＿＿＿

(4) das Schwein　　＿＿＿＿＿＿＿＿

(5) der Hase　　　＿＿＿＿＿＿＿＿

(6) der Hai　　　　＿＿＿＿＿＿＿＿

(7) der Krebs　　　＿＿＿＿＿＿＿＿

(8) der Lachs　　　＿＿＿＿＿＿＿＿

(9) der Wal　　　　＿＿＿＿＿＿＿＿

(10) der Frosch　　＿＿＿＿＿＿＿＿

Ⅱ. 다음 낱말을 독일어로 말해보세요.

(1) 송아지　　　＿＿＿＿＿＿＿＿

(2) 암탉　　　　＿＿＿＿＿＿＿＿

(3) 달팽이　　　＿＿＿＿＿＿＿＿

(4) 거위　　　　＿＿＿＿＿＿＿＿

(5) 생쥐　　　　＿＿＿＿＿＿＿＿

(6) 참치　　　　＿＿＿＿＿＿＿＿

(7) 원숭이　　　＿＿＿＿＿＿＿＿

(8) 개미　　　　＿＿＿＿＿＿＿＿

(9) 메뚜기　　　＿＿＿＿＿＿＿＿

(10) 앵무새　　　＿＿＿＿＿＿＿＿

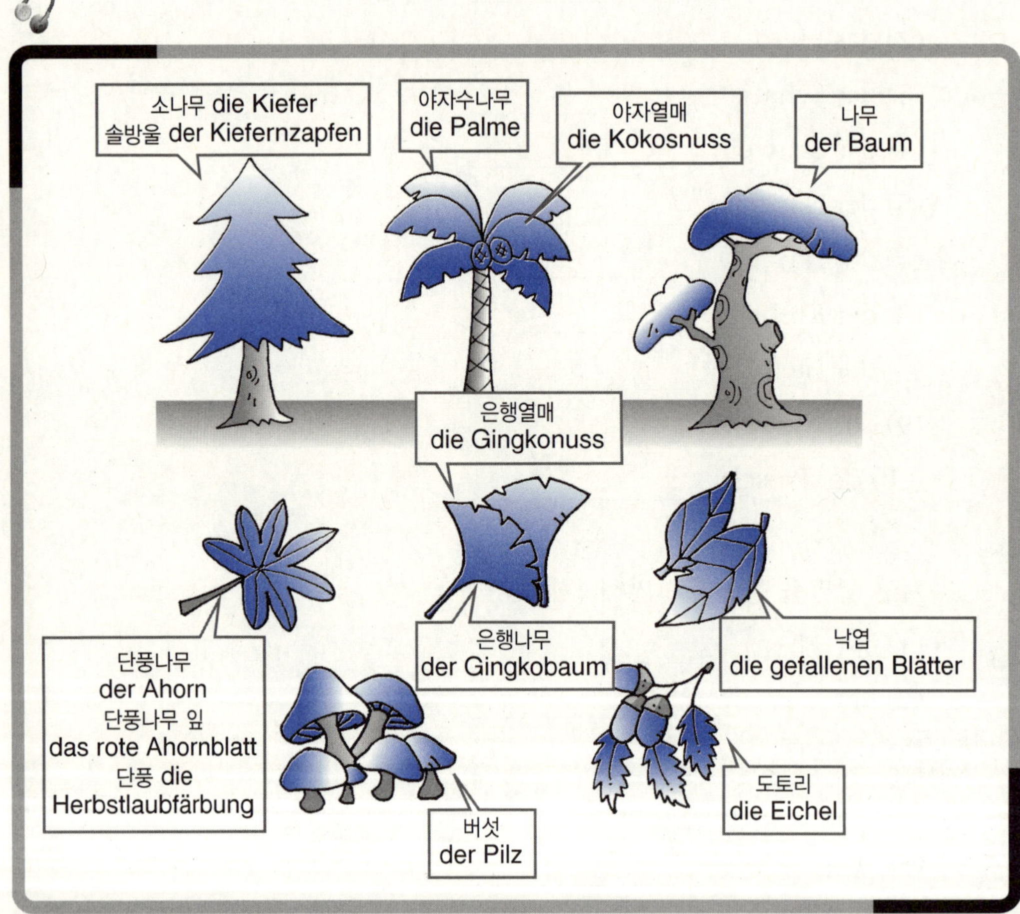

가문비나무 die Fichte	감 die Persimone	감나무 der Persimonenbaum
낙엽송 die Lärche	너도밤나무 die Buche	대나무 der Bambus
떡갈나무 die Eiche	밤 die Kastanie	밤나무 die Kastanienbaum
벚나무 der Kirschbaum	보리수 die Linde	소나무 die Kiefer
수양버들 die Weide, die Trauerweide		오동나무 die Paulownie
은행나무 der Gingko	월계수 der Lorbeerbaum	자작나무 die Birke
전나무 die Tanne	잣나무, 삿갓 솔 die Pinie	참나무, 떡갈나무 die Eiche
포플러 die Pappel	플라타너스 die Plantane	호두나무 der Walnussbaum
뿌리 die Wurzel	그루터기 der Stumpf	줄기 der Stamm
큰 나뭇가지 der Ast	잔 나뭇가지 der Zweig	나뭇잎 das Blatt

은방울꽃 das Maiglöckchen　카네이션 die Nelke　국화 die Chrysantheme

툴립 die Tulpe　민들레 der Löwenzahn　장미 die Rose

수선화 die Narzisse　백합 die Lilie　해바라기 die Sonnenblume

꽃봉오리 die Blüte	꽃잎 das Blütenblatt	꽃다발 der Blumenstrauß
개나리 die Forsythie	과꽃 die Aster	나팔꽃 die Trompetenblume
난초 die Orchidee	데이지 die Margarite	동백 die Kamelie
라일락 der Flieder	목련 die Magnolie	물망초 das Vergissmeinnicht
무궁화 der Roseneibisch / der Hibiskus		백합 die Lilie
수국 die Hortensie	수련 der Lotos / die Lotosblume	양귀비 die Mohnblume
잔디 der Rasen	장미 die Rose	제라늄 die Geranie
진달래 die Azalee	제비꽃, 오랑캐꽃 das Veilchen	툴립 die Tulpe
카네이션 die Nelke	코스모스 die Cosmea, das Schmuckkörbchen	
화분 der Blumentopf	화분 꽃 die Topfblume	

- Im Frühling blühen viele Blumen. (봄이 되면 꽃이 많이 핀다.)
- Die Knospen sprießen. (싹이 튼다.)
- Die Bäume treiben Knospen. (나무들이 꽃봉오리를 맺는다.)
- Die Pflanze keimt. (그 식물의 줄기가 올라온다.)
- Die Früchte reifen. (열매가 익는다.)
- Dieser Baum hat tiefe Wurzeln. (이 나무는 뿌리가 매우 깊다.)

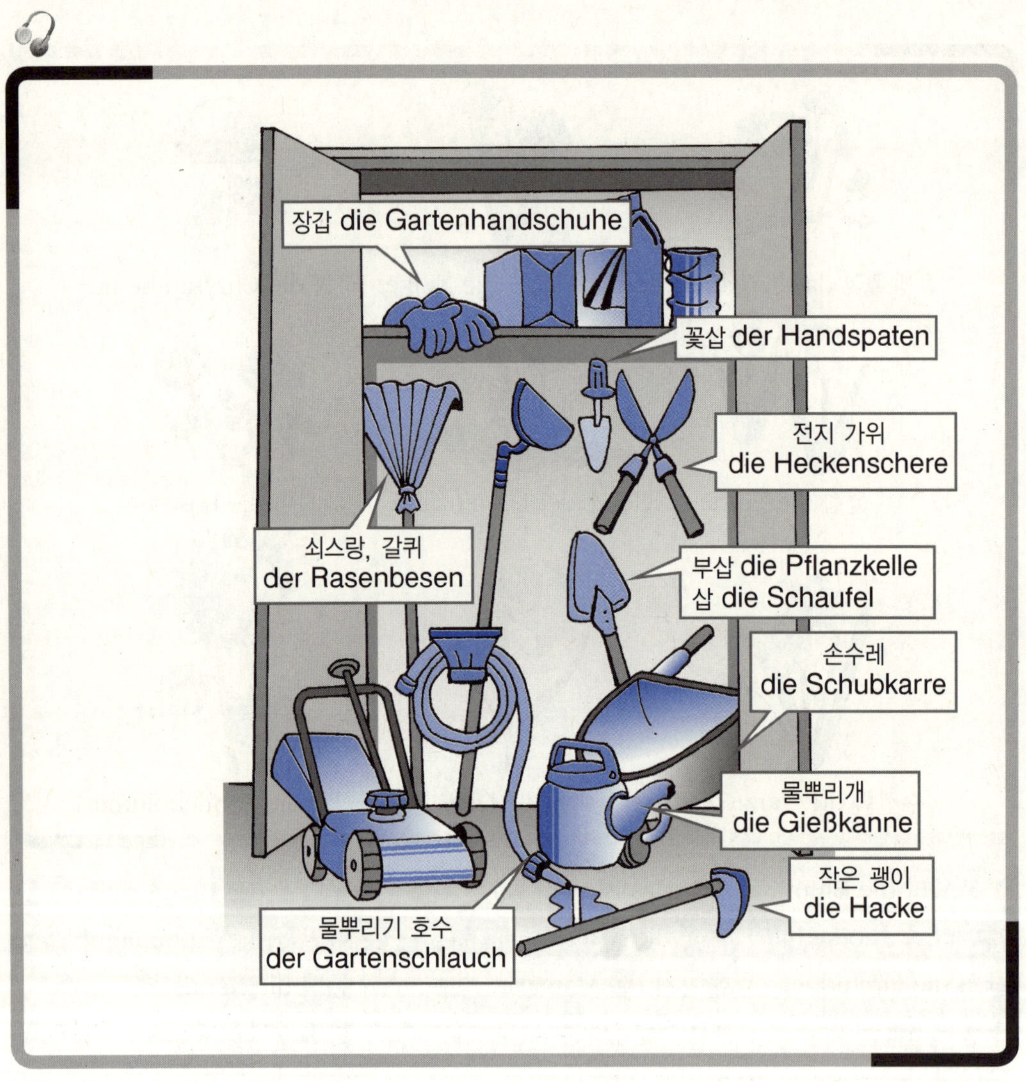

가위 die Schere	곡괭이 die Kreuzhacke	낫 die Sichel
대패 der Meißel	드라이버 der Schraubenzieher	망치 der Hammer
못 der Nagel	밧줄 das Seil	붓 der Pinsel
솔 die Bürste	빗자루 der Besen	소화기 der Feuerlöscher
손전등 die Taschenlampe		송곳 die Ahle
쓰레기통 der Mülleimer, der Abfalleimer		쓰레받기 die Kehrschaufel
연장 das Werkzeug	연장통 der Werkzeugkasten	정원일 die Gartenarbeit
줄자 das Messband	집게 die Klammer	톱 die Säge
파리채 die Fliegenklatsche		

꽃과 상징

- die Rose (장미) – 사랑의 상징 (das Symbol der Liebe)
- die Chrysantheme (국화) – 애도의 꽃 (die Blume der Trauer)
- die Lilie (백합) – 순결의 상징 (das Symbol der Reinheit)

Übungen

Ⅰ. 다음 독일어를 우리말로 말해보세요.

(1) der Baum __________ (2) die Eichel __________

(3) das Blatt __________ (4) die Wurzel __________

(5) die Linde __________ (6) der Bambus __________

(7) der Löwenzahn __________ (8) die Magnolie __________

(9) der Besen __________ (10) der Nagel __________

Ⅱ. 다음 낱말을 독일어로 말해보세요.

(1) 소나무 ______________

(2) 낙엽 ______________

(3) 버섯 ______________

(4) 줄기 ______________

(5) 밤 ______________

(6) 국화 ______________

(7) 연장 ______________

(8) 망치 ______________

(9) 드라이버 ______________

(10) 가위 ______________

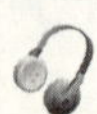

33 채소(das Gemüse)

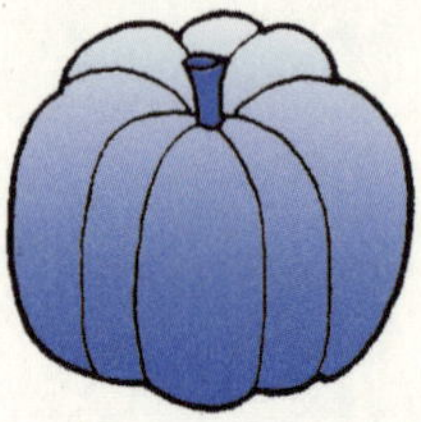
늙은 호박 der Kürbis

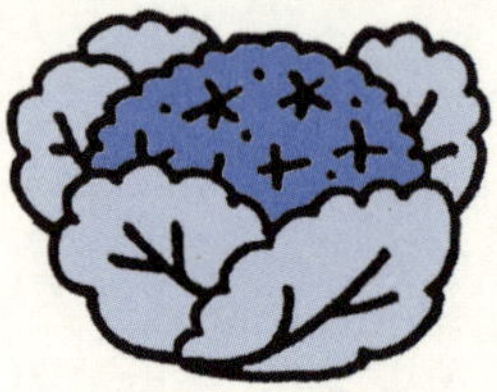
양배추 der Kohl

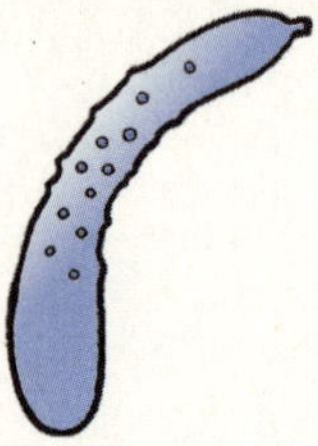
오이 die Gurke

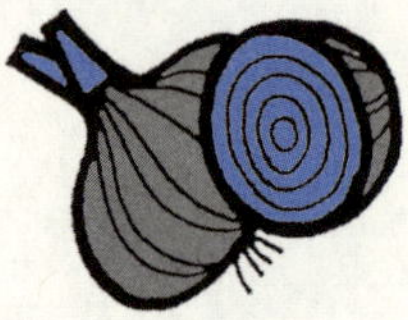
양파 die Zwiebel

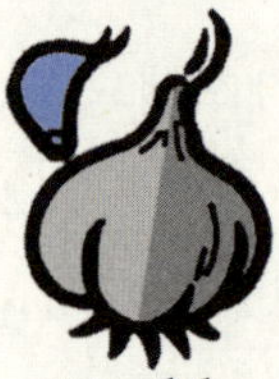
마늘 der Knoblauch

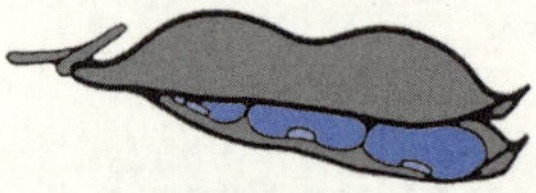
강낭콩 die römische Bohne

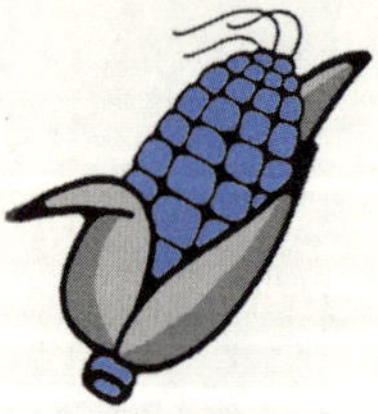
옥수수 der Mais

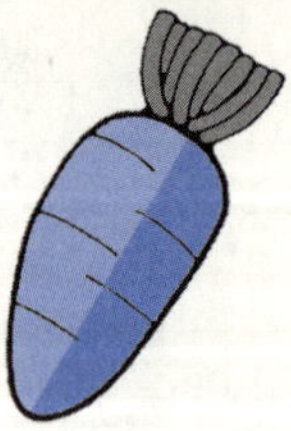
당근 die Karotte, die Möhre

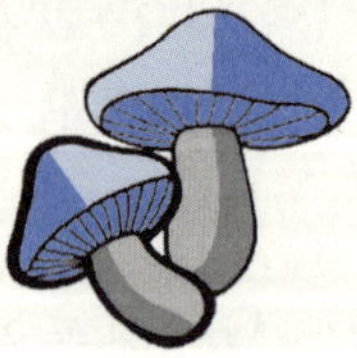
버섯 der Pilz

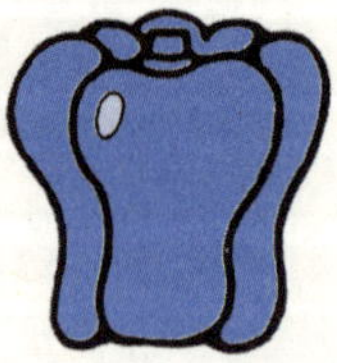
피망 die Paprika

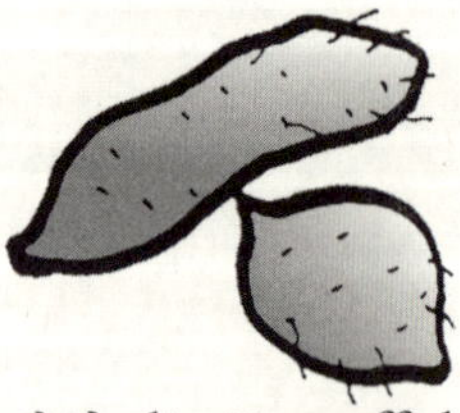
감자 die Kartoffel

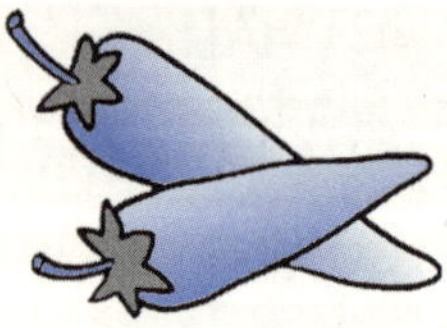
고추 die Peperoni

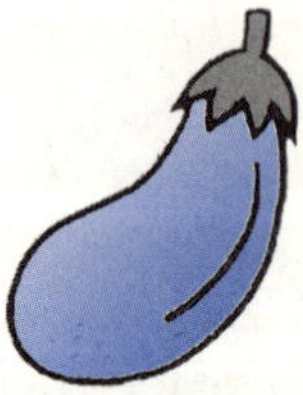
가지 die Aubergine

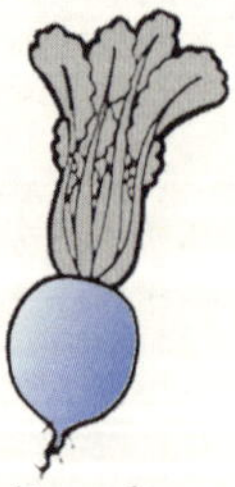
붉은 무 das Radieschen

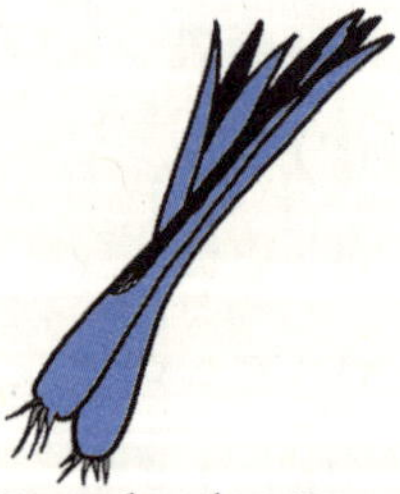
파 der Lauch, der Porree

근대 der Mangold	녹두 die Mungobohne	무 der Rettich
배추 der Chinakohl	양배추 der Weißkohl	빨간 양배추 der Rotkohl
상추 der Lattich	샐러리 der Sellerie	시금치 der Spinat
실파 der Schnittlauch	아보카도 die Avocado	아스파라거스 der Spargel
애호박 die Zucchini	완두콩 die Erbse	콩 die Bohne
토마토 die Tomate	팥 die Asukibohne	콩나물 die Sojabohnensprosse

 ## 조미료나 향신료 (Gewürze)

겨자 der Senf	계피 der Zimt	굵은 소금 grobes Salz
깨 das Sesamkorn	로즈마리 der Rosmarin	마요라나 der Majoran
박하 die Minze	백리향 der Thymian	사프란 der Safran
샐비어 der Salbei	생강 der Ingwer	설탕 der Zucker
소금 das Salz	식초 der Essig	오일 das Öl
파슬리 die Petersilie	회향풀 der Fenchel	후추 der Pfeffer

 ## 견과류 (die Nuss)

땅콩 die Erdnuss	아몬드 die Mandel	잣 der Pinienkern
코코넛 die Kakaonuss	피스타치오 die Pistazie	헤이즐넛 die Haselnuss
해바라기 씨 der Sonnenblumenkern		호두 die Walnuss

Ⅰ. 다음 독일어를 우리말로 말해보세요.

(1) die Gurke _______________

(2) der Knoblauch _______________

(3) die Karotte _______________

(4) der Lauch _______________

(5) der Rettich _______________

(6) der Spargel _______________

(7) der Zimt _______________

(8) der Senf _______________

(9) das Salz _______________

(10) die Walnuss _______________

Ⅱ. 다음 낱말을 독일어로 말해보세요.

(1) 양파 _______________

(2) 옥수수 _______________

(3) 감자 _______________

(4) 가지 _______________

(5) 상추 _______________

(6) 시금치 _______________

(7) 생강 _______________

(8) 후추 _______________

(9) 설탕 _______________

(10) 아몬드 _______________

과일 (das Obst)

딸기 die Erdbeere
산딸기 die Himbeere

사과 der Apfel

바나나 die Banane

감 die Persimone,
die Kaki

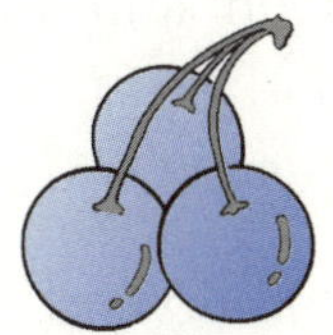

버찌 die Kirsche

참외 die Honigmelone

복숭아 der Pfirsich

파인애플 die Ananas

포노 die Weintraube

석류 der Granatapfel

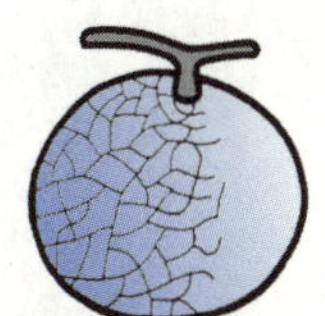

메론 die Melone

수박 die Wassermelone

레몬 die Zitrone	망고 die Mango	무화과 die Feige
밀감 die Mandarine	배 die Birne	살구 die Pflaume
오디 die Maulbeere	오렌지 die Orange, die Apfelsine	
자두 die Zwetsche/Zwetschge	자몽 die Grapefruit	키위 die Kiwi

- der Apfel (사과) – der Apfelbaum (사과나무)
- die Birne (배) – der Birnbaum (배나무)
- die Olive (올리브) – der Olivenbaum (올리브나무)
- die Walnuss (호두) – der Walnussbaum (호두나무)
- die Persimone (감) – der Persimonenbaum (감나무)
- der Pfirsich (복숭아) – der Pfirsichbaum(복숭아나무)
- die Kirsche (버찌) – der Kirschbaum (버찌나무)
- die Feige (무화과) – der Feigenbaum (무화과 나무)

I. 다음 독일어를 우리말로 말해보세요.

    (1) die Erdbeere   _________________

    (2) der Apfel   _________________

    (3) der Pfirsich   _________________

    (4) die Ananas   _________________

    (5) die Birne   _________________

    (6) die Maulbeere   _________________

    (7) die Zwetsche   _________________

    (8) die Persimone   _________________

    (9) die Zitrone   _________________

    (10) die Honigmelone   _________________

II. 다음 낱말을 독일어로 말해보세요.

    (1) 바나나   _________________

    (2) 버찌   _________________

    (3) 석류   _________________

    (4) 수박   _________________

    (5) 살구   _________________

    (6) 자몽   _________________

    (7) 밀감   _________________

    (8) 호두나무   _________________

    (9) 포도   _________________

    (10) 무화과   _________________

강 der Fluss	강 언덕 das Flussufer	호수 der See
연안, 해안 die Küste	해변, 바닷가 der Strand	바위 der Felsen
부두 der Kai	파도 die Welle	거친 바다 das raue Meer
잔잔한 바다 das stille Meer	담수/민물 das Süßwasser	
염수/바닷물 das Salzwasser	조수 die Gezeiten	
밀물 die Flut	썰물 die Ebbe	

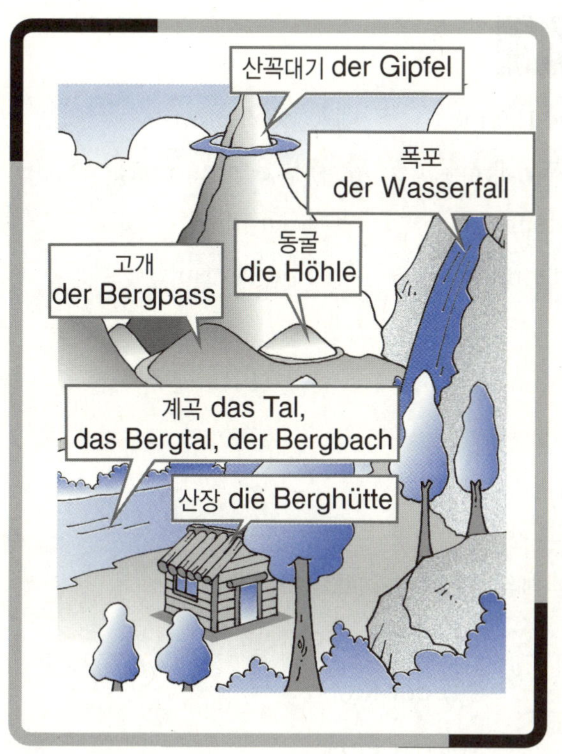

고도 die Höhe

비탈길 der Abhang, der abschüssige Weg

급류 die schnelle Strömung

오두막 die Hütte

평원 die Prärie, die Steppe

작은 언덕 der Hügel

풀밭, 초원 die Wiese

언덕, 구릉 der Hügel

촌 das Dorf, die Landgemeinde

동네, 지역 das Wohnviertel

시골, 전원 das Land

자연 재해(die Naturkatastrophe)

홍수 das Hochwasser	눈사태 die Lawine	태풍 der Taifun
활화산 ein aktiver Vulkan	산불 der Waldbrand	폭풍우 der Sturmregen
지진 das Erdbeben	해일 der Tsunami	번개 der Blitz
벼락 der Blitzschlag	천둥 der Donner	폭풍 der Sturm

Übungen

Ⅰ. 다음 독일어를 우리말로 말해보세요.

(1) das Schiff __________ (2) der Kieselstein __________

(3) der Felsen __________ (4) der Kai __________

(5) das Meer __________ (6) der Fluss __________

(7) das Süßwasser __________ (8) die Höhle __________

(9) die Prärie __________ (10) der Pfad __________

Ⅱ. 다음 낱말을 독일어로 말해보세요.

(1) 절벽 ______________

(2) 구명조끼 ______________

(3) 모래 ______________

(4) 해안 ______________

(5) 거친 바다 ______________

(6) 조수 ______________

(7) 고개 ______________

(8) 농가 ______________

(9) 산불 ______________

(10) 해일 ______________

색깔 (die Farbe) – I

 **색깔 형용사 (Farbadjektive)** 

빨간 rot	자주색의 purpurrot	주황색의 orangefarben
장미빛 색의, 밝은 분홍색의 rosa		핑크색의, 짙은 분홍색의 pink
오렌지색의 orange	파란 blau	하늘색의 himmelblau
노란 gelb	회색의 grau	하얀 weiß
검은 schwarz	갈색의 braun	적갈색의 rotbraun, rostfarben

초록의 grün	베이지색의 beige	보라색의 violett
연보라색의 lila	밤색의 kastanienbraun	

 **-farben … 색의**

beigefarben 베이지 색의	cremefarben 크림색	elfenbeinfarben 상아색의
goldfarben 금색의	lachsfarben 연어색의	orangefarben 오렌지색의
pastellfarben 파스텔색의	pinkfarben 핑크색의	purpurfarben 자주색의
rosafarben 장미빛색의	silberfarben 은색의	

 **hell- [hɛl] 밝은**

hellgrün 밝은 / 연한 녹색의	hellblau 밝은 / 연한 청색의
hellbraun 밝은 / 연한 갈색의	hellgrau 밝은 / 연한 회색의
hellrot 밝은 / 연한 빨간	

 **dunkel - 어두운**

dunkelgrün 어두운 / 짙은 초록색의	dunkelgrau 어두운 / 짙은 회색의
dunkelblau 어두운 / 짙은 파란색의	dunkelrot 어두운 / 짙은 빨간색의
dunkelbraun 어두운 / 짙은 갈색의	

 **-lich - 스름한**

불그스름한 rötlich	초록빛이 도는 grünlich	푸르스름한 bläulich
누르스름한 gelblich	거무스름한 schwärzlich	희끄무레한 weißlich

스카이블루 himmelblau	감색 marineblau
청록색 blaugrün	단색의 einfarbig
다채로운 bunt	흑백 schwarzweiß
밝은 hell	진한 dunkel
불투명한 nicht durchsichtig/nicht transparent	
무광택의 matt	빛이 나는 glänzend
아주 대조적인 kontraststark	약간 대조적인 kontrastschwach

Übungen

Ⅰ. 다음 독일어를 우리말로 말해보세요.

(1) schwarz   _____________

(2) rot   _____________

(3) weiß   _____________

(4) grün   _____________

(5) blau   _____________

(6) braun   _____________

(7) hellrot   _____________

(8) dunkelblau   _____________

(9) orange   _____________

(10) pink   _____________

Ⅱ. 다음 낱말을 독일어로 말해보세요.

(1) 노란   _____________

(2) 회색의   _____________

(3) 자주색의   _____________

(4) 보라색의   _____________

(5) 불그스름한   _____________

(6) 누르스름한   _____________

(7) 청록색의   _____________

(8) 단색의   _____________

(9) 다채로운   _____________

(10) 불투명한   _____________

37 색깔 (die Farbe) – Ⅱ

- Welche Farbe ist das? (그것은 무슨 색이냐?)

  – Das ist Blau. (그것은 파란색이다.)

- Welche Farbe haben ihre Haare? (그녀의 머리카락은 무슨 색이냐?)

  – Ihre Haare sind schwarz. / Sie hat schwarze Haare.
    (그녀의 머리카락은 검은색이다.)

- Welche Farbe haben ihre Augen? (그녀의 눈은 무슨 색이냐?)

  – Ihre Augen sind blau. / Sie hat blaue Augen. (그녀의 눈은 파랗다.)

- Warum sind deine Augen so rot? (네 눈이 왜 그렇게 빨갛지?)

  – Meine Augen sind von der Computerarbeit rot.
    (내 눈은 컴퓨터 작업으로 빨갛다.)

- Ich werde diese Schachtel gelb streichen.
  (나는 이 상자를 노란색으로 칠하겠다.)

〈숙어적 표현〉

- eine weiße Weste haben 결백하다

  – Kaum ein Politiker hat eine weiße Weste. (죄 없는 정치가는 거의 없다.)

- weiß wie Schnee 눈처럼 하얀

  – Schneewittchens Haut ist weiß wie Schnee.
    (백설공주의 피부는 눈처럼 하얗다.)

- blau sein 취하다

  – Gestern Abend war ich total blau. (나는 어젯밤 완전히 취했다.)

- sich ein blaues Auge holen 눈이 멍들다

  – Ich bin gegen die Tür gerannt und habe mir ein blaues Auge geholt.
    (나는 문에 부딪혀서 눈이 멍들었다.)

- blau machen 무단으로 결근하다

  – Er hat in diesem Monat schon dreimal blau gemacht.
    (그는 이 달에 벌써 3번이나 무단으로 결근하였다.)

- schwarz sehen 비관적으로 보다

- Nach dem Aktienkurssturz sehen viele Investoren schwarz.
  (주가가 떨어진 후 많은 투자자들이 비관적이 되었다.)

- Er ist ein Pessimist. Er sieht alles gleich schwarz.
  (그는 염세주의자이다. 모든 것을 즉각 비관적으로 본다.)

• sich schwarz ärgern 매우 화가 나다

  - Ich habe mich wegen dieser Sache schwarz geärgert.
    (나는 이 일로 매우 화가 났었다.)

• etwas durch die rosa Brille sehen 낙관적으로 보다

  - Er sieht alles durch die rosa Brille. (그는 모든 것을 낙관적으로 본다.)

• gelb vor Neid werden 시기심에 불타다

  - Die Stiefmutter wurde gelb vor Neid, weil Schneewittchen schöner war
    als sie. (계모는 백설공주가 자기보다 더 예뻤기 때문에 시기심에 불탔다.)

• in die roten Zahlen kommen / geraten 적자를 보다

  - Die Firma hat in den ersten Jahren schwarze Zahlen geschrieben, ist
    aber in der Wirtschaftskrise in die roten Zahlen geraten. (그 회사가 처음
    몇 년 동안에는 흑자를 기록했으나, 경제위기 때 적자를 보았다.)

• rot werden 붉어지다

    - Er wurde rot vor Wut. (그는 화가 나서 얼굴이 붉어졌다.)

    - Wenn sie verlegen ist, wird sie leicht rot.
      (그녀는 당황하면 쉽게 얼굴이 붉어진다.)

    - Wenn ich nur ein Glas Wein trinke, werde ich gleich rot.
      (나는 와인을 한 잔만 마셔도 금방 얼굴이 붉어진다.)

• etwas ist für jemanden ein rotes Tuch
  (무엇이 누구를 즉시 화나게 하는 것이다.)

  - Erwähne seine Ex-Freundin nicht. Das ist ein rotes Tuch für ihn.
    (그의 옛 여자 친구 얘기를 하지 마라. 그 말만 하면 그를 즉시 화를 낸다.)

• in den Gelben Seiten nachschlagen 전화번호부 상호 편을 찾아보다

  - Schlag doch in den Gelben Seiten nach, wenn du die Nummer der Firma
    nicht kennst. (그 회사 전화번호를 모르면, 전화번호부 상호편을 찾아 봐.)

• die Gelbe Karte (축구) 옐로우 카드

  - Der Schiedsrichter zeigte dem Spieler die Gelbe Karte.
    (심판이 그 선수에게 옐로우 카드를 보였다.)

• das Gelbe vom Ei 최상인 것

– Die neue Regelung ist auch noch nicht das Gelbe vom Ei, da muss noch
  einiges verbessert werden.
  (새 규정도 여전히 최상은 아니다. 몇 가지가 더 개선되어야 한다.)

• ins Grüne fahren (푸른 나무들이 있는) 야외로 가다

  – Am Wochenende fahren wir oft ins Grüne.
  (주말에 우리는 자주 야외로 나간다.)

• grün hinter den Ohren sein 머리에 피도 안 말랐다

  – Er ist noch grün hinter den Ohren. Er muss noch viel lernen.
  (그는 아직 풋내기이다. 아직 많이 배워야 한다.)

• grüne Politik 친환경 정책

  – Grüne Politik ist keine Option mehr, sondern eine Notwendigkeit.
  (친환경 정책은 더 이상 선택사항이 아니라, 필수적인 일이다.)

• 흰색(weiß)– 순수(die Reinheit)– 진리(die Wahrheit)

  – Sie heiratet in Weiß. (그녀는 하얀 드레스를 입고 결혼한다.)

  – Sie ist weiß wie die Wand geworden.
  (그녀의 얼굴이 핏기가 하나도 없이 하얗게 되었다.)

• Wenn Sie mir nicht glauben, kann ich Ihnen das gerne Schwarz auf Weiß
  geben. (제 말을 믿지 않으시면, 명확한 증거를 제시해 드리겠습니다.)

• die Schwarzarbeit 불법 노동

  – Die Schwarzarbeit ist die Arbeit, für die keine Steuern bezahlt werden.
  (불법 노동이란 세금을 내지 않고 하는 노동 행위이다.)

• schwarz arbeiten 불법으로 일하다

  – Weil er keine Arbeitserlaubnis hat, muss er schwarz arbeiten.
  (그는 노동허가서가 없기 때문에 불법으로 (몰래) 일해야 한다.)

• der schwarze Markt 암시장

• schwarz Schnapps brennen 밀주를 만들다

• ins Schwarze treffen 적중하다

  – Mit deiner Vermutung hast du ins Schwarze getroffen.
  (너의 짐작은 적중했다.)

  – Da kannst du warten, bis du schwarz wirst!
  (어디 끝까지 기다려 봐, 소용이 있나!)

• 독일 국기의 색

  – das Schwarzrotgold / das Schwarz-Rot-Gold

Ⅰ. 다음 독일어를 우리말로 말해보세요.

(1) Welche Farbe ist das?

____

(2) Sie hat schwarze Haare.

____

(3) Sie hat blaue Augen.

____

(4) Gestern Abend war ich total blau.

____

(5) Er wurde rot vor Wut.

____

Ⅱ. 다음 우리말을 독일어로 말해보세요.

(1) 불법노동

____

(2) 그 회사가 흑자를 기록했다.

____

(3) 그는 불법으로 일한다.

____

(4) 주말에 우리는 자주 야외로 나간다.

____

(5) 그는 염세주의자이다. 모든 것을 즉각 비관적으로 본다.

____

성격, 특징(der Charakter)

참을성 없는
ungeduldig

총명한, 지적인
intelligent, klug

게으른, 무기력한
faul, träge, antriebslos

끈기있는, 참을성 있는
ausdauernd, geduldig

바보스런 dumm

충동적인
impulsiv, spontan

신중한
vorsichtig, überlegt

수다스런 geschwätzig

과묵한
schweigsam, wortkarg

완고한, 고집불통의
hartnäckig, stur, dickköpfig

냉담한 kalt, kaltherzig

큰 groß

작은 klein

날씬한 schlank

살찐 dick

유연한
gelenkig, beweglich

뻣뻣한
ungelenk, steif

마른 mager

포동포동한 mollig

활동적인 aktiv

둥근 rund

긴 lang
타원형의 oval

각진 kantig, eckig
삼각형의 dreieckig

 신체 묘사

Er ist sehr klein. (그는 키가 아주 작다)
  klein (키가 작다)
  mitttelgroß (키가 보통이다)
  groß (키가 크다)
  sehr groß (키가 아주 크다)
  riesengroß (거구이다)

Sie ist mager. (그녀는 말랐다)
  schlank (날씬하다)
  mollig (포동포동하다)
  dick (뚱뚱하다/살쪘다)
  fett / übergewichtig (비만이다)

Ⅰ. 다음 낱말을 독일어로 말해보세요.

(1) klug　　　　＿＿＿＿＿＿＿＿＿

(2) geduldig　　＿＿＿＿＿＿＿＿＿

(3) dumm　　　＿＿＿＿＿＿＿＿＿

(4) geschwätzig　＿＿＿＿＿＿＿＿＿

(5) hartnäckig　　＿＿＿＿＿＿＿＿＿

(6) dick　　　　＿＿＿＿＿＿＿＿＿

(7) mager　　　＿＿＿＿＿＿＿＿＿

(8) beweglich　　＿＿＿＿＿＿＿＿＿

(9) kantig　　　＿＿＿＿＿＿＿＿＿

(10) oval　　　　＿＿＿＿＿＿＿＿＿

Ⅱ. 다음 우리말을 독일어로 말해보세요.

(1) 참을성 없는　＿＿＿＿＿＿＿＿＿

(2) 게으른　　　＿＿＿＿＿＿＿＿＿

(3) 과묵한　　　＿＿＿＿＿＿＿＿＿

(4) 포동포동한　＿＿＿＿＿＿＿＿＿

(5) 둥근　　　　＿＿＿＿＿＿＿＿＿

(6) 각진　　　　＿＿＿＿＿＿＿＿＿

(7) 날씬한　　　＿＿＿＿＿＿＿＿＿

(8) 유연한　　　＿＿＿＿＿＿＿＿＿

(9) 냉담한　　　＿＿＿＿＿＿＿＿＿

(10) 신중한　　　＿＿＿＿＿＿＿＿＿

수(die Zahl)−I

 **기수(die Kardinalzahl)** 

0
null

1 eins 2 zwei 3 drei 4 vier 5 fünf

  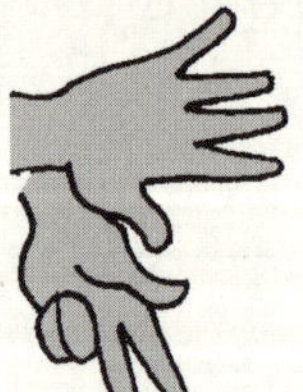  

6 sechs 7 sieben 8 acht 9 neun 10 zehn

11 elf	12 zwölf
13 dreizehn	14 vierzehn
15 fünfzehn	16 sechzehn
17 siebzehn	18 achtzehn
19 neunzehn	20 zwanzig
21 einundzwanzig	22 zweiundzwanzig
23 dreiundzwanzig	24 vierundzwanzig
25 fünfundzwanzig	26 sechsundzwanzig
27 siebenundzwanzig	28 achtundzwanzig
29 neunundzwanzig	30 dreißig

31	einunddreißig
40	vierzig
41	einundvierzig
50	fünfzig
51	einundfünfzig
60	sechzig
61	einundsechzig
70	siebzig
71	einundsiebzig
80	achtzig
81	einundachtzig

90	neunzig
91	einundneunzig
100	Hundert, hundert
1000	Tausend, tausend
100.000	Hunderttausend, hunderttausend
1.000.000	eine Million
10.000.000	zehn Millionen
1.000.000.000	eine Milliarde
1.000.000.000.000	eine Billion

기수는 **ein**을 제외하고는 어미변화 하지 않음.

ein Buch 한 권의 책	eine Blume 한 송이의 꽃
drei Bücher 세 권의 책	drei Blumen 세 송이의 장미

 **서수(die Ordinalzahl)**

서수는 19까지는 기수에 -t를 붙이고(neunzehnt-), 20이상은 -st를 붙여 만들며 (zwanzigst-), 형용사처럼 어미변화를 한다. 일부 형태변화에 유의해야 한다. (ein → erst-, drei → dritt-, sieben → siebt-)

1.	erst-	13.	dreizehnt-
2.	zweit-	19.	neunzehnt-
3.	dritt-	20.	zwanzigst-
4.	viert-	30.	dreißigst-
5.	fünft-	40.	vierzigst-
6.	sechst-	50.	fünfzigst-
7.	siebt-	60.	sechzigst-
8.	acht-	70.	siebzigst-
9.	neunt-	80.	achtzigst-
10.	zehnt-	90.	neunzigst-
11.	elft-	100.	hundertst-
12.	zwölft-		

- Ich wohne im zehnten Stock. (나는 11층에 산다.)
  (독일에서는 1층을 das Erdgeschoss라고 하고, 2층은 der erste Stock이라고 한다.)

- Wer war als Erster da? (누가 첫 번째로 도착했습니까?)

- Es ist schon das zweite Mal, dass du zu spät gekommen bist.
  (네가 늦게 온 것이 벌써 두 번째이다.)

- In der fünften Reihe sind noch Plätze frei.
  (다섯 번째 줄에 아직 자리가 비어있다.)

- Die koreanische Mannschaft liegt auf dem dritten Platz.
  (한국 팀이 3등이다.)

- Der erste Mai ist der Tag der Arbeit. (5월 1일은 노동절이다.)

- Der dritte Oktober ist der Tag der deutschen Einheit.
  (10월 3일은 독일 통일의 날이다.)

- Weihnachten ist am 25. Dezember. (크리스마스는 12월 25일이다.)

- Ich habe am achten Fünften Geburtstag. (나는 5월 8일이 생일이다.)

- Johann Wolfgang von Goethe wurde am achtundzwanzigsten Achten 1749 in Frankfurt am Main geboren.
  (요한 볼프강 폰 괴테는 1749년 8월 28일 프랑크푸르트 암 마인에서 태어났다.)

Ⅰ. 다음 낱말을 독일어로 말해보세요.

(1) 기수 _______________

(2) 서수 _______________

(3) 16 _______________

(4) 23 _______________

(5) 십만 _______________

(6) 천만 _______________

(7) 7번째 _______________

(8) 11번째 _______________

(9) 30번째 _______________

(10) 백번째 _______________

Ⅱ. 다음 우리말을 독일어로 말해보세요.

(1) 나는 3층에 산다.

____

(2) 내 생일은 10월 8일이다.

____

(3) 6번째 줄에 아직 자리가 비어있습니다.

____

(4) 10월 3일은 독일 통일의 날이다.

____

(5) 네가 늦게 온 것이 벌써 3번째이다.

____

수(die Zahl) – Ⅱ

der Bruch (분수)

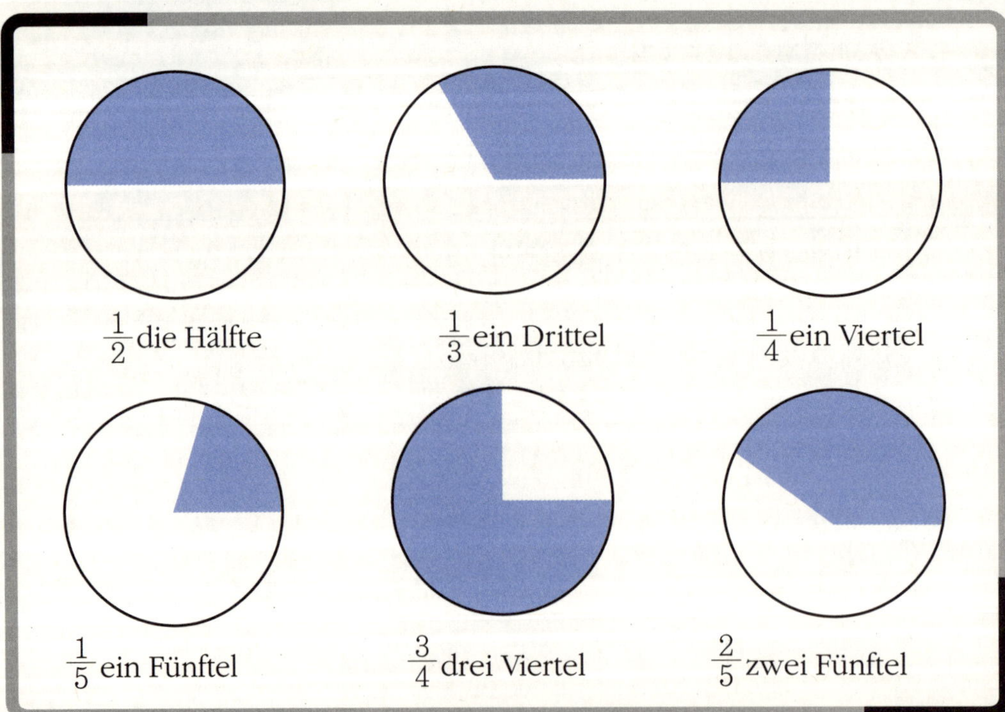

Grundrechenarten (사칙연산)

- die Addition (더하기): 2+5=7 (zwei plus fünf ist sieben)

  addieren (더하다) Addieren Sie zwei zu fünf.

- die Subtraktion (빼기): 9−3=6 (neun minus drei ist sechs)

  subtrahieren (빼다) Subtrahieren Sie drei von neun.

- die Multiplikation (곱하기): 4 × 5=20 (vier mal fünf ist zwanzig)

  multiplizieren (곱하다): Multiplizieren Sie vier mit fünf.

- die Division (나누기): 16÷2=8 (sechzehn geteilt durch zwei ist acht)

  dividieren (나누다) Dividieren Sie sechzehn durch zwei.

백분율 das Prozent: 8% (acht Prozent)	어림수 die runde Zahl
정확한 수 die genaue Zahl	2배 zweifach, zweimal
3배 dreifach, dreimal	4배 vierfach, viermal
1000m² eintausend Quadratmeter	5^3 fünf hoch drei
계산하다 rechnen	

수와 관련된 표현들

- mit einem Wort 한 마디로 (요약해서)

  Mit einem Wort: Ich bin dagegen. (한 마디로 나는 반대다.)

- für zwei ⟨arbeiten, essen, trinken⟩ (한 사람 몫 이상) 많이 ⟨일하다, 먹다, 마시다⟩

  Er arbeitet für zwei. (그는 두 사람 몫을 일한다.)

- Er kann nicht bis drei zählen. (그는 멍청하다.)

- alle viere von sich strecken 휴식을 취하다

  Nach dieser harten Arbeit möchte ich einmal alle viere von mir strecken.
  (이 힘든 일이 끝나면 손발 쭉 뻗고 한번 쉬고 싶다.)

- auf allen vieren ⟨gehen / krabbeln / kriechen⟩ (손발을 짚고) 기어가다

  Die Soldaten krochen auf allen vieren bis zum Stacheldrahtzaun.
  (군인들이 철조망까지 포복하여 기어갔다.)

- ein Buch mit sieben Siegeln 이해하기 힘든 것

  Mathematik ist für mich wie ein Buch mit sieben Siegeln.
  (수학은 내게 이해하기 힘든 것이다.)

- Er kommt in acht Tagen zurück. (그는 일주일 후에 돌아온다.)

- Ach, du grüne Neune! (아이고 깜짝이야!)

- Jetzt schlägt's (aber) dreizehn! (됐어, 이제 그만!)

- Meine Tante ist schon zwischen achtzig und scheintot.
  (우리 고모는 벌써 나이가 아주 많다.)

- Als ich ihm davon erzählte, war er sofort auf hundert / achtzig.
  (내가 그에게 그 이야기를 하자, 그는 즉시 노발대발했다.)

- Der Schaden geht in die Millionen. (손해가 백만 유로를 넘는다 / 매우 크다.)

계산서(die Rechnung) 작성하기

부가가치세 die Mehrwertsteuer	단가 die Stückkosten
면세 steuerfrei, zollfrei	세금포함 가격 der Preis inklusive Steuer
원가 die Herstellungskosten	시가 der Marktpreis
정가 der Festpreis	지불총액 die Gesamtsumme
지불 die Bezahlung	

Ⅰ. 다음 낱말을 독일어로 말해보세요.

(1) 짝수 _______________

(2) 홀수 _______________

(3) 분수 _______________

(4) 사칙연산 _______________

(5) 백분율 _______________

(6) 부가가치세 _______________

(7) 면세 _______________

(8) 시가 _______________

(9) 지불총액 _______________

(10) 지불 _______________

Ⅱ. 다음 우리말을 독일어로 말해보세요.

(1) 한 마디로 말해서, 나는 반대다.

____

(2) 5 더하기 6은 11이다.

____

(3) 3 곱하기 5는 15이다.

____

(4) 그는 멍청하다.

____

(5) 나는 일주일 후에 돌아온다.

____

방향(die Richtung)

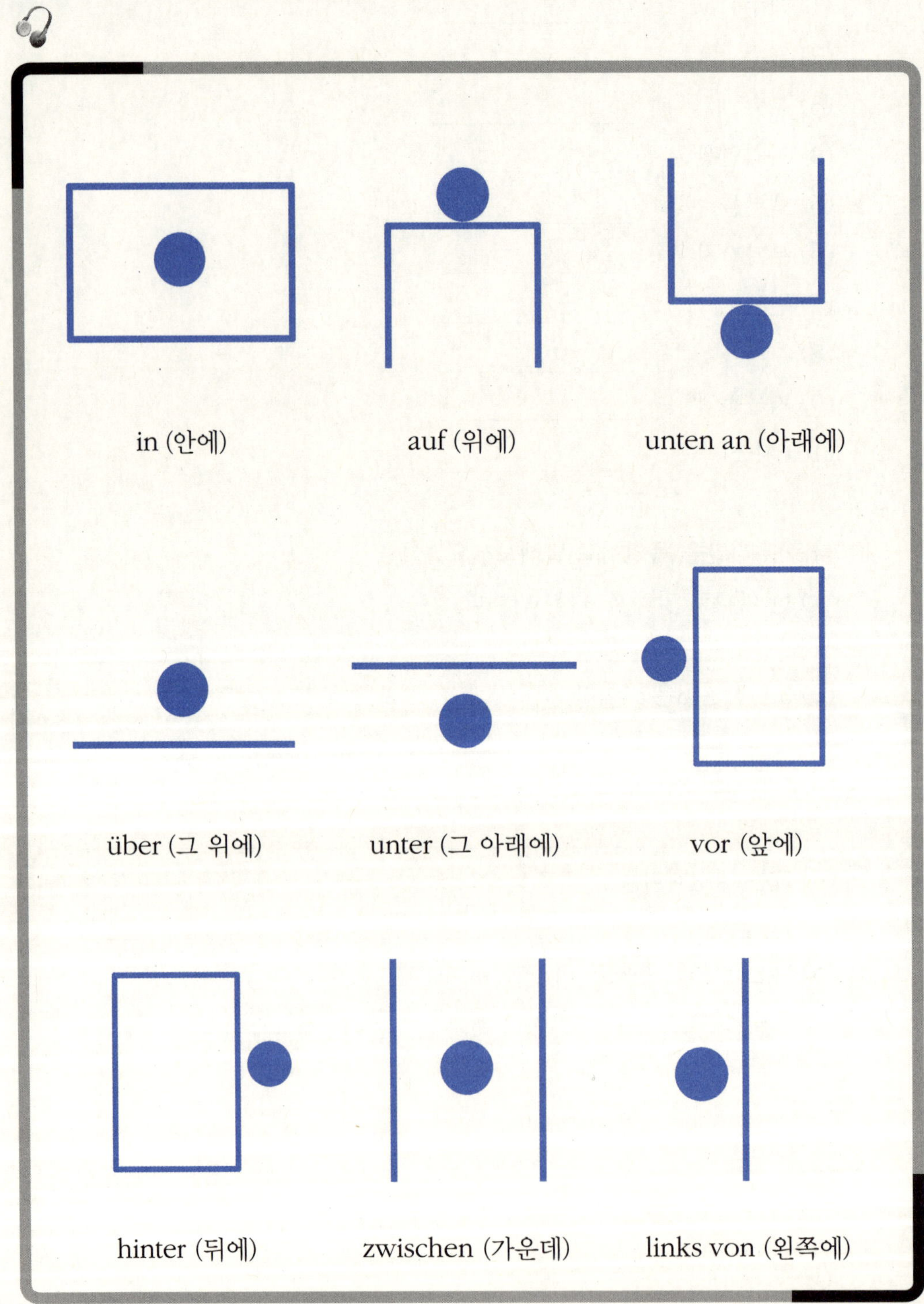

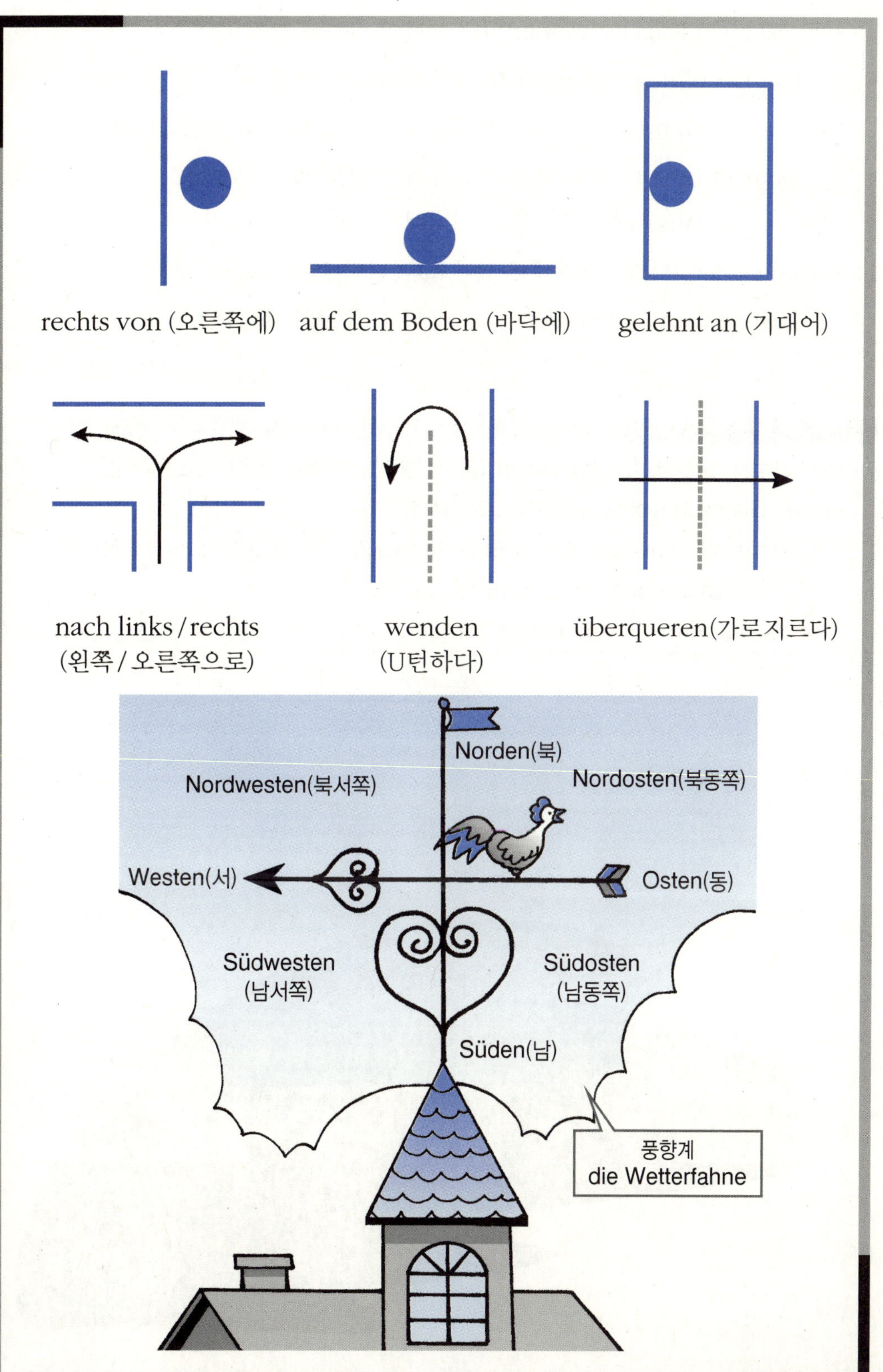

rechts von (오른쪽에)
auf dem Boden (바닥에)
gelehnt an (기대어)
nach links / rechts
(왼쪽 / 오른쪽으로)
wenden
(U턴하다)
überqueren(가로지르다)
Norden(북)
Nordwesten(북서쪽)
Nordosten(북동쪽)
Westen(서)
Osten(동)
Südwesten
(남서쪽)
Südosten
(남동쪽)
Süden(남)
풍향계
die Wetterfahne

- Wo ist mein Kugelschreiber? (내 볼펜이 어디에 있지요?)

  – Der ist auf dem Tisch. (탁자 위에 있어요.)

- Ist Ihr Wagen hinter der Post? (선생님 차가 우체국 뒤에 있습니까?)

  – Nein, er ist vor der Post. (아뇨, 우체국 앞에 있습니다.)

- Wo ist das Museum? (박물관이 어디에 있습니까?)

- Rechts oder links? (오른쪽에 있나요, 아니면 왼쪽에 있나요?)

  – Nein, gehen Sie geradeaus. (아닙니다. 똑바로 가세요.)

rechts(부사: 오른쪽에) – das Recht (명사: 권리) – recht (형용사: 오른쪽의)

Gehen Sie nach rechts. (오른쪽으로 가세요.)

Mit welchem Recht gibst du mir Befehle? (네가 무슨 권리로 내게 명령하니?)

(주의: Sie haben Recht. (당신 말이 맞습니다.))

Mein rechter Arm tut weh. Mir tut der rechte Arm weh. (형용사) 오른팔이 아파요.

Ⅰ. 다음 낱말을 독일어로 말해보세요.

(1) ~안에 __________

(2) ~위에 __________

(3) ~의 왼쪽에 __________

(4) 바닥에 __________

(5) 가로지르다 __________

(6) 동북쪽 __________

(7) 서남쪽 __________

(8) ~의 앞에 __________

(9) ~에 기대어 __________

(10) ~의 뒤에 __________

Ⅱ. 다음 우리말을 독일어로 말해보세요.

(1) 네 자동차가 어디에 있니?

____

(2) 내 자동차는 박물관 뒤에 있어.

____

(3) 우체국이 어디에 있습니까?

____

(4) 왼쪽으로 가세요.

____

(5) 그것은 당신 말이 맞습니다.

____

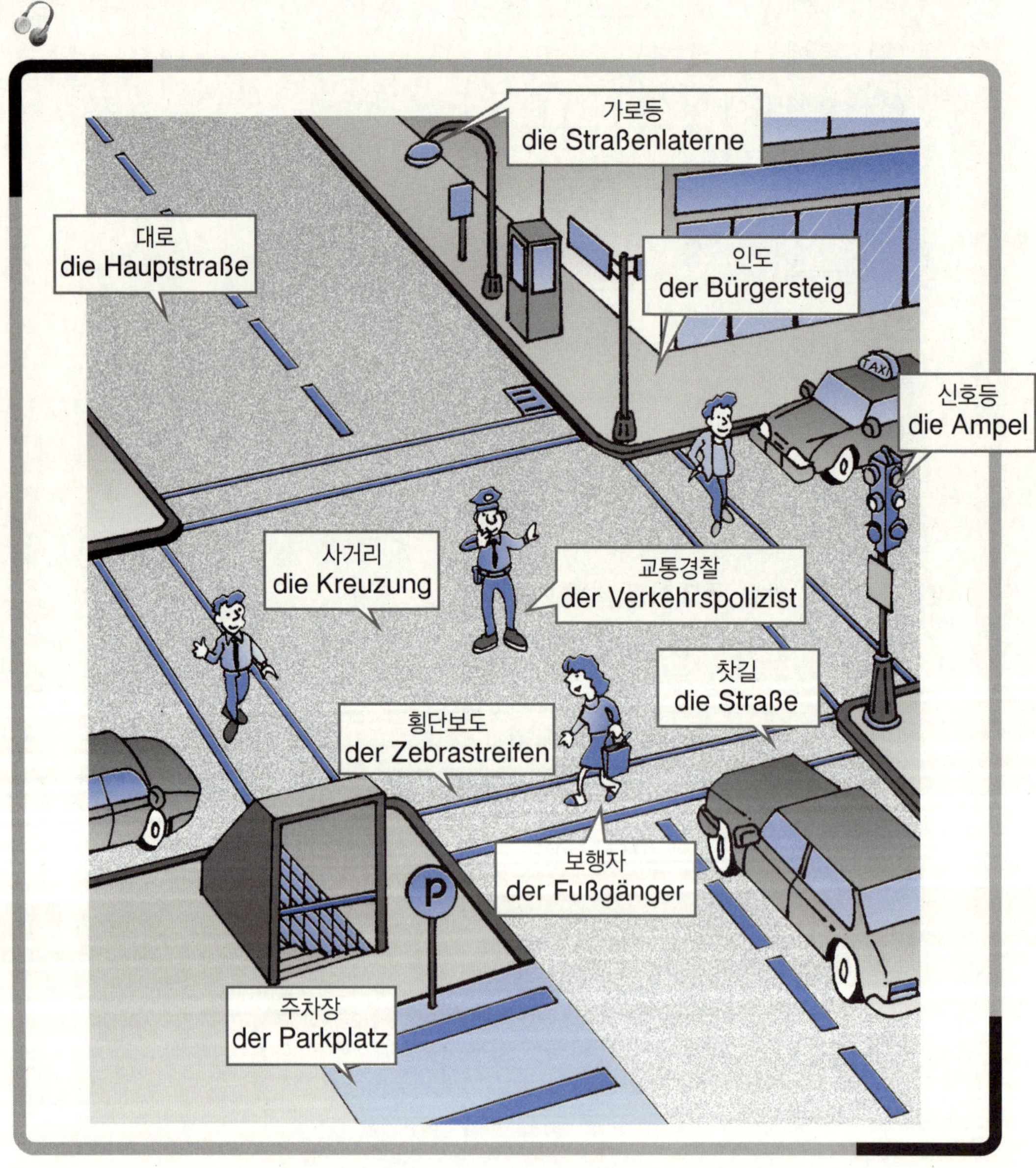

거리 der Weg	로터리 der Verkehrskreisel
주차요금 미터 die Parkuhr	무료의 gebührenfrei
유료의 gebührenpflichtig	지하주차장 die unterirdische Parkgarage
차도를 건너다 die Straße überqueren	보도 위를 걷다 auf dem Bürgersteig gehen

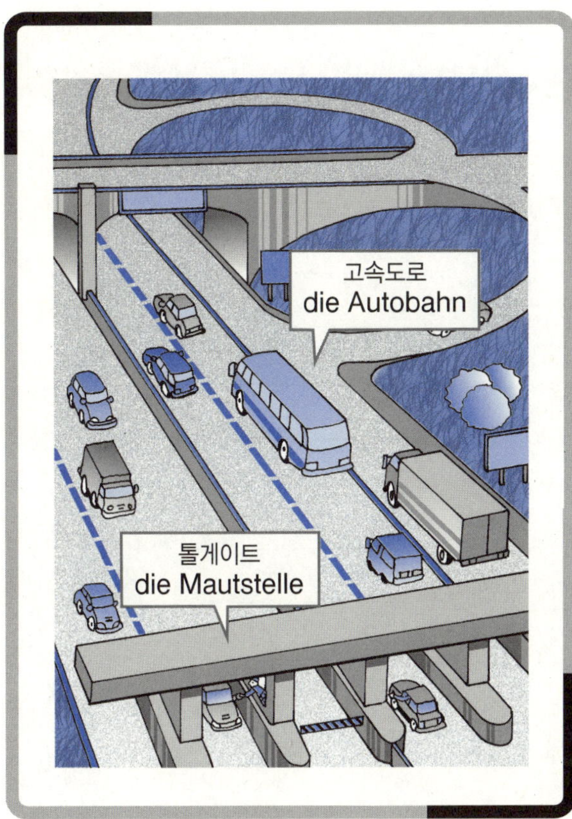

벌금 das Bußgeld

커브돌기 eine Kurve machen

추월하다 überholen

통행금지 Durchfahrt gesperrt

일방통행 die Einbahnstraße

주의 die Vorsicht

위험 die Gefahr

차고 die Garage

공사중 die Bauarbeiten

신호등 die Ampel

트럭 der Lastkraftwagen

교통체증 der Stau

자전거 도로 der Radweg, der Fahrradweg

교차로 die Kreuzung

속도제한 (die) Geschwindigkeitsbegrenzung, (das) Tempolimit

혼잡한 시간 (die) Stoßzeit, (die) Hauptverkehrszeit

우회로 (die) Umleitung

자갈길 unbefestigter Weg

유턴금지 wenden verboten

주차금지 (das) Parkverbot, Parken verboten

횡단보도 (der) Zebrastreifen

미끄러운 도로 (die) Schleudergefahr

국도 (die) Landstraße

속도를 늦추시오 Geschwindigkeit reduzieren

좁아지는 길 verengte Fahrbahn

전조등을 켜시오 Licht anmachen

Ⅰ. 다음 독일어를 우리말로 말해보세요.

(1) der Bürgersteig   ___________

(2) der Verkehrspolizist   ___________

(3) die Kreuzung   ___________

(4) die Parkuhr   ___________

(5) überholen   ___________

(6) Durchfahrt gesperrt   ___________

(7) die Bauarbeiten   ___________

(8) der Stau   ___________

(9) die Geschwindigkeitsbegrenzung   ___________

(10) Parken verboten   ___________

Ⅱ. 다음 낱말을 독일어로 말해보세요.

(1) 가로등   ___________

(2) 신호등   ___________

(3) 찻길   ___________

(4) 주차장   ___________

(5) 톨게이트   ___________

(6) 차도를 건너다   ___________

(7) 차고   ___________

(8) 일방통행   ___________

(9) 우회로   ___________

(10) 횡단보도   ___________

공연과 전시 (die Vorstellung und die Ausstellung)

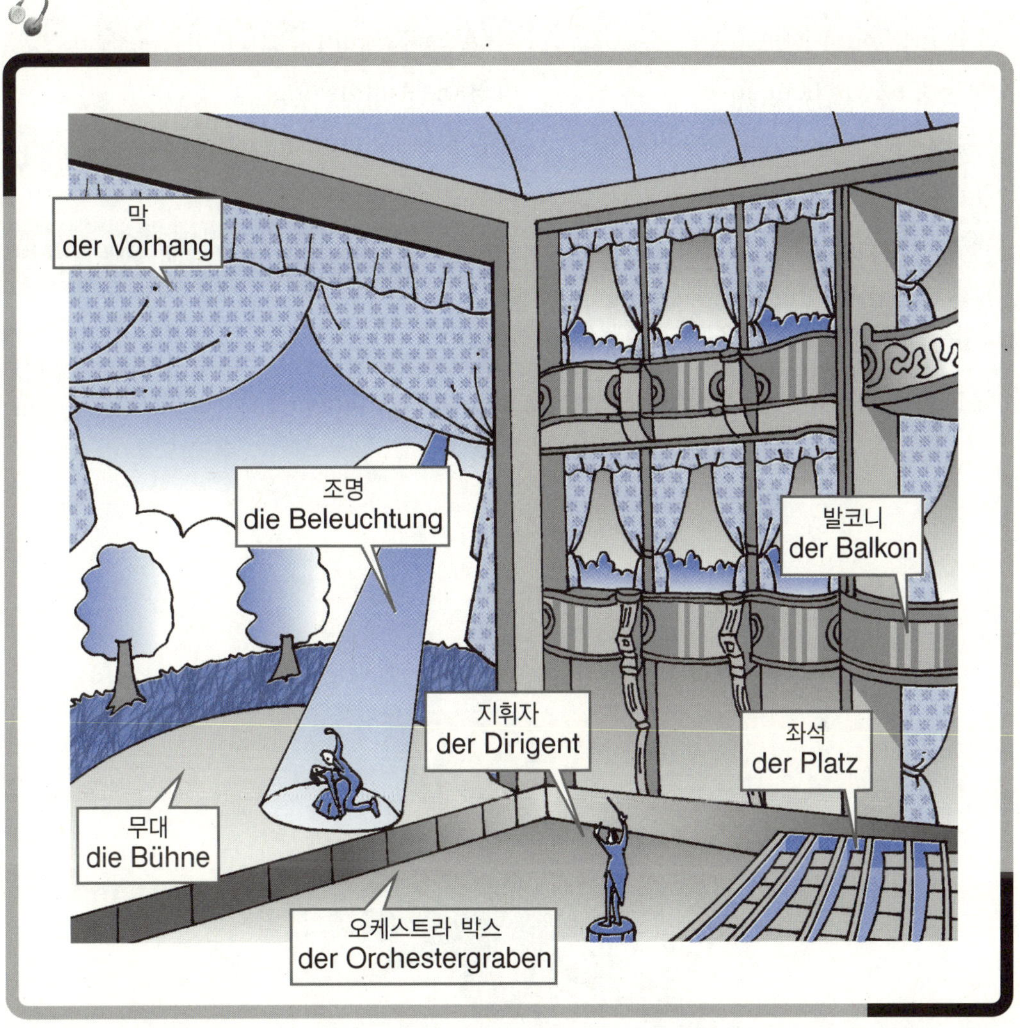

전시회 die Ausstellung	영화관 das Kino
극장 das Theater	오페라극장 das Opernhaus
관객 das Publikum	칸막이 좌석 die Loge
좌석의 열 die Reihe	옷 맡기는 곳 die Garderobe
맨 꼭대기 좌석 die Galerie	포스터 das Poster
스타 der Star	와이드 스크린 die Breitwand
보조 접이의자 der Klappsitz	(남)배우 der Schauspieler

좌석예약 die Platzreservierung	오페라 안경 das Opernglas
연출가, 영화감독 der Filmregisseur	주연 der Hauptdarsteller
조연 der Nebendarsteller	필름 der Film
소품 die Requisite	의상 das Kostüm
막간 die Zwischenpause	상영 die Aufführung
영화 애호가 der Filmliebhaber	휴관일 der aufführungsfreie Tag
휴관하다 geschlossen	리허설 die Probe
더빙 die Synchronisierung	독일어 더빙 die deutsche Synchronisation
무대장치 die Bühnenausstattung	

자막이 있는 원어 판 Original mit Untertiteln

매표소 die Kasse, der Eintrittskartenschalter, der Kartenverkaufsschalter

Ⅰ. 다음 독일어를 우리말로 말해보세요.

(1) die Beleuchtung   __________

(2) der Platz   __________

(3) das Kino   __________

(4) das Publikum   __________

(5) die Garderobe   __________

(6) der Klappsitz   __________

(7) die Requisite   __________

(8) die Aufführung   __________

(9) der aufführungsfreie Tag   __________

(10) die Probe   __________

Ⅱ. 다음 낱말을 독일어로 말해보세요.

(1) 막   __________

(2) 지휘자   __________

(3) 전시회   __________

(4) 스타   __________

(5) 주연   __________

(6) 필름   __________

(7) 의상   __________

(8) 영화 애호가   __________

(9) 더빙   __________

(10) 자막있는 원어판   __________

44 책 (das Buch)

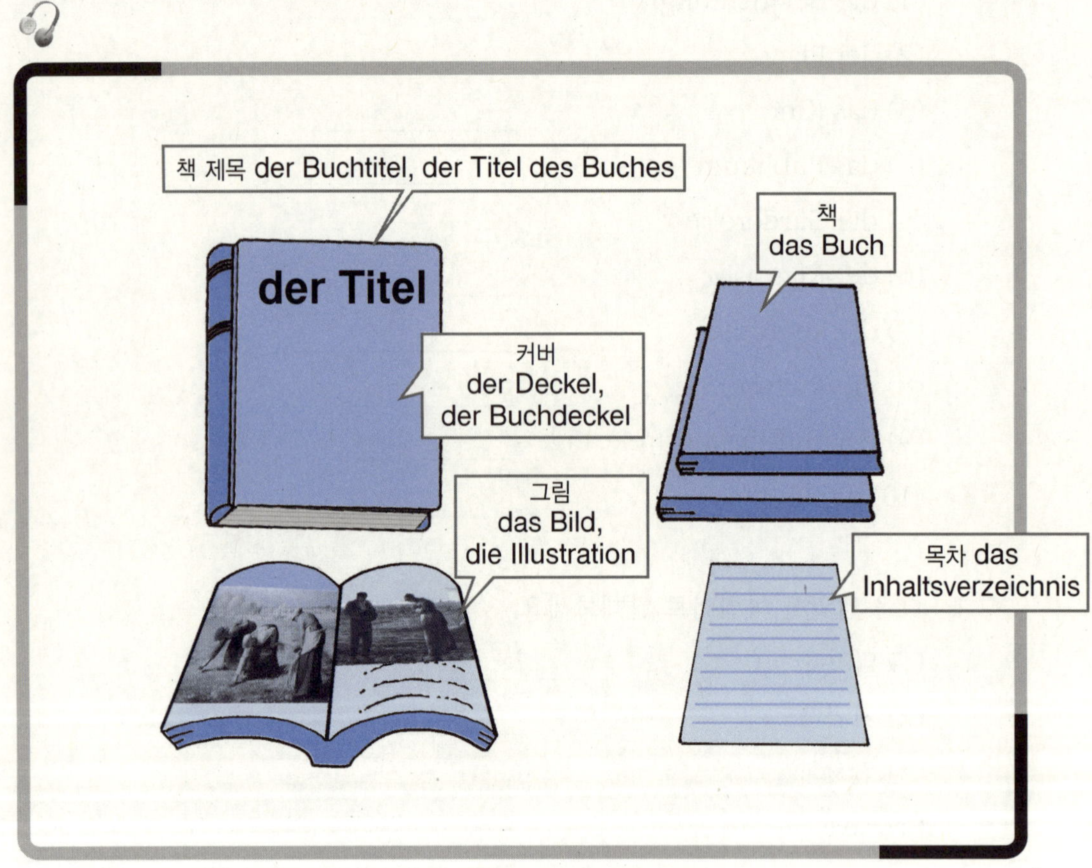

페이지 die Seite	(저서의) 헌사 die Widmung
(책의) 장 das Kapitel	관보 das amtliche Mitteilungsblatt
종잇장 das Blatt	일간지 die Tageszeitung
정기 간행물 die Zeitschrift	주간지 die Wochenzeitschrift
월간지 die Monatszeitschrift	목차 das Inhaltsverzeichnis

책의 낱장 표지 der Schutzumschlag, der Schutzeinband

어린이 잡지 die Kinderzeitschrift

잡지 die Zeitschrift, das Journal, das Magazin, die Illustrierte

잡지를 정기 구독하다 eine Zeitschrift abonnieren

(중고 책) 고본장수 der Antiquar

요리책 das Kochbuch

에세이 der/das Essay

위인전 die Biografie

시집 die Gedichtsammlung

소설 der Roman

탐정소설 der Kriminalroman

동화 das Märchen

장정본 das Hardcover

만화책 der Comic, das Comicheft

고서점, 헌책방 das Antiquariat

역사책 das Geschichtsbuch

관광가이드 der Reiseführer

자서전 die Autobiografie

사전 das Wörterbuch

단편소설 die Erzählung, die Novelle

공상과학소설 der Science-Fiction-Roman

대하소설 die Saga, der epische Roman

절판본 das vergriffene Buch

서점 die Buchhandlung, der Buchladen

도서관 die Bibliothek

Ⅰ. 다음 독일어를 우리말로 말해보세요.

(1) der Deckel   ____________

(2) die Seite   ____________

(3) die Widmung   ____________

(4) die Tageszeitung   ____________

(5) das Kochbuch   ____________

(6) die Gedichtsammlung   ____________

(7) das Märchen   ____________

(8) die Buchhandlung   ____________

(9) die Bibliothek   ____________

(10) das Antiquariat   ____________

Ⅱ. 다음 낱말을 독일어로 말해보세요.

(1) 책 제목   ____________

(2) 목차   ____________

(3) 주간지   ____________

(4) 잡지   ____________

(5) 고본장수   ____________

(6) 자서전   ____________

(7) 대하소설   ____________

(8) 만화책   ____________

(9) 관광가이드   ____________

(10) 단편소설   ____________

45 식사(die Mahlzeit)

독일 사람들의 식사

das Frühstück — **das Mittagessen** — **die Zwischenmahlzeit** — **das Abendessen**
(아침식사)　　　　(점심식사)　　　　　(간식)　　　　　　(저녁식사)

식사 순서

der Aperitif — **die Vorspeise** — **die Suppe** — **der Hauptgang,
das Hauptgericht**
식욕을 높이기 위해　　전채요리　　　수프
식사 전에 마시는 술　　　　　　　　　　　　　주요리

die Beilage — **der Käse** — **der Nachtisch, die Nachspeise, das Dessert**
곁들인 요리　　　치즈　　　　　　　　후식

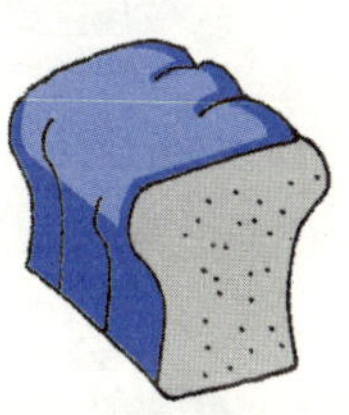

das Brot
빵

das Brötchen
하드롤

das Croissant
크루아상

das Baguette
바게트

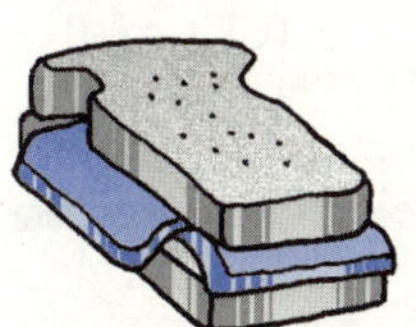

der Toast
토스트

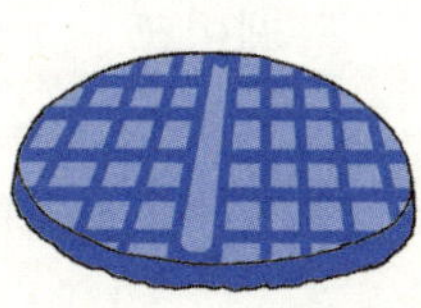

die Waffel
와플

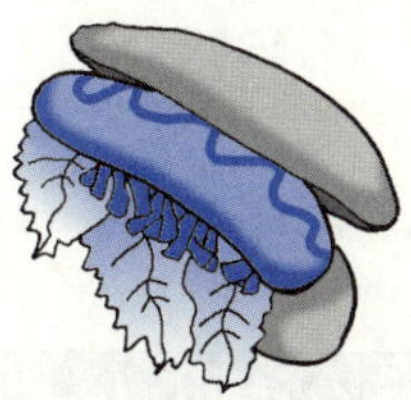

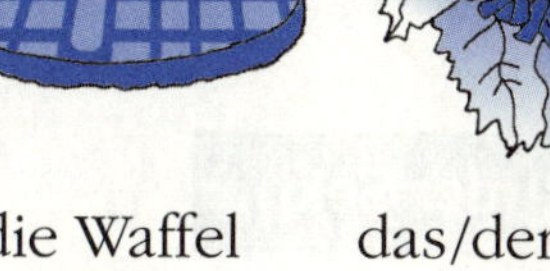

das/der Hotdog
핫도그

der Hamburger
햄버거

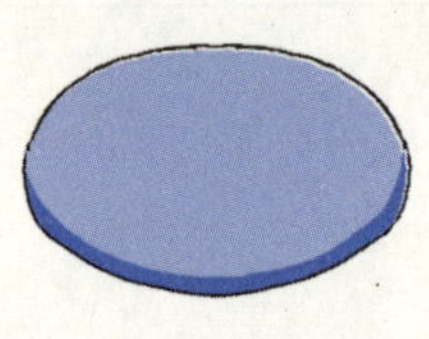

der Pfannkuchen
팬케이크

das gekochte Ei
삶은 달걀

das Omelette
오믈렛

der Kartoffelsalat
감자 샐러드

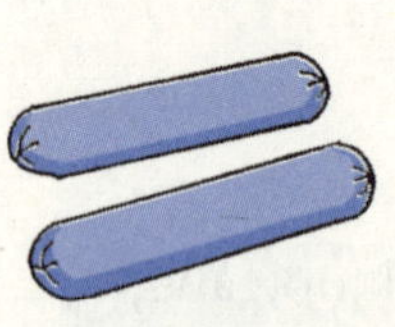

die Wurst/
das Würstchen 소시지

der Rinderbraten
소고기 구이

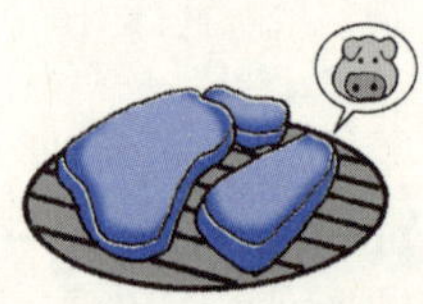

der Schweinebraten
돼지고기 구이

das Schnitzel
슈니첼

das/der Gulasch
굴라시

die Pizza
피자

der Gemüsesalat
야채샐러드

der Quark
크박

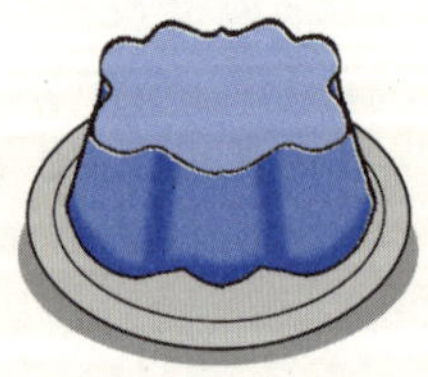

der Pudding
푸딩

die Erbsensuppe
완두콩 수프

der Kuchen
케이크

das Eis
아이스크림

포도주(der Wein) / 샴페인(der Sekt)

적포도주 der Rotwein	백포도주 der Weißwein
로즈와인 der Rosé, der Roséwein	샴페인 der Sekt

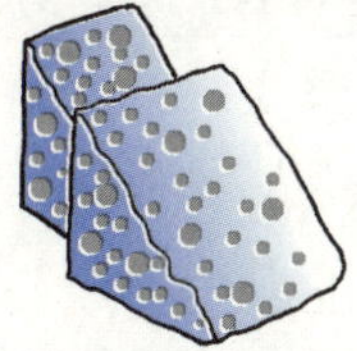

der Hartkäse
딱딱한 치즈

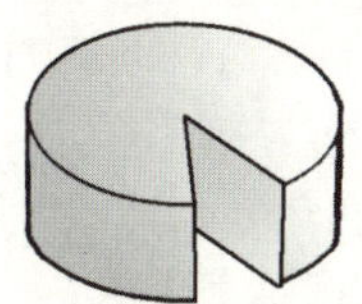

der Weichkäse
부드러운 치즈

der Streichkäse
크림치즈

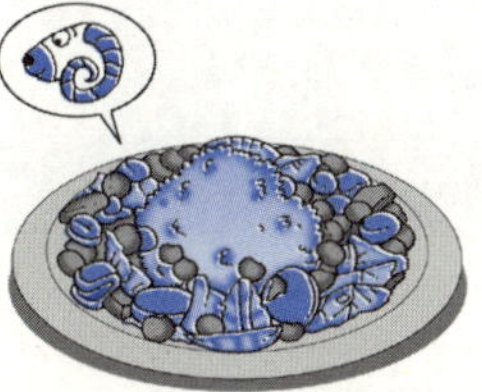

der Schafskäse
양 치즈

der Ziegenkäse
염소 치즈

der Scheibenkäse
슬라이스 치즈

die Spätzle
슈패츨레

der Knödel
크뇌델

die Schweinshaxe
슈바인스학세

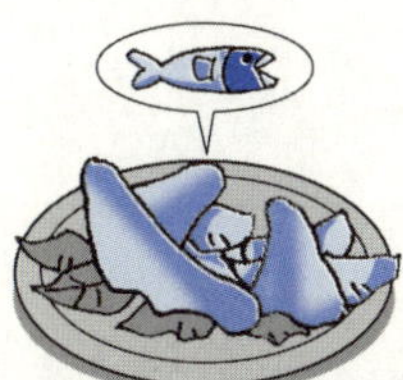

der Heringssalat
정어리 샐러드

das Sauerkraut
자우어크라우트

die Maultasche
마울탓세

중국요리 die chinesische Küche	한국요리 die koreanische Küche
프랑스요리 die französische Küche	일본요리 die japanische Küche
이탈리아요리 die italienische Küche	인도요리 die indische Küche
일품요리 das Einzelgericht	세트메뉴 das Set-Menü
오늘의 요리 das Tagesgericht	쇠고기 das Rindfleisch
생선 der Fisch	돼지고기 das Schweinefleisch
빵 das Brot	양고기 das Lammfleisch
치즈 der Käse	닭고기 das Hühnerfleisch
파이 die Pastete, die Pie	해물요리 das Meeresfrüchtegericht
밥 der Reis	고기 das Fleisch
만두 die Maultasche	샐러드 der Salat
스프 die Suppe	정어리 der Hering

Übungen

Ⅰ. 다음 독일어를 우리말로 말해보세요.

(1) das Frühstück _________ (2) der Aperitif _________

(3) das Hauptgericht _________ (4) die Beilage _________

(5) der Gemüsesalat _________ (6) der Kuchen _________

(7) der Sekt _________ (8) der Streichkäse _________

(9) das Rindfleisch _________ (10) das Schweinefleisch _________

Ⅱ. 다음 낱말을 독일어로 말해보세요.

(1) 간식 _________ (2) 전채요리 _________

(3) 토스트 _________ (4) 빵 _________

(5) 소시지 _________ (6) 아이스크림 _________

(7) 치즈 _________ (8) 오늘의 요리 _________

(9) 해물요리 _________ (10) 정어리 _________

레스토랑 (das Restaurant)

레스토랑
das Restaurant

맥줏집
das Bierlokal

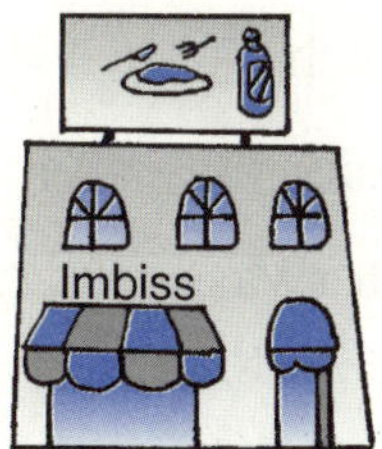

간이식당
der Imbiss

카페
das Café

찻집
die Teestube

바
die Bar

주점
die Kneipe

담배 가게
der Tabakladen

구내식당
die Kantine

패스트푸드점
der Schnellimbiss

맥주 종류

- Helles (헬래스: 밝은 색 맥주)

- Pils (필스: 쓴맛이 강함)

- Weizenbier / Weißbier (바이첸비어바이스비어: 밀로 만든 맥주)

- Dunkles, Bockbier (둥클래스, 복비어: 알코올 함유량이 많은 흑맥주)

- Kölsch (쾰시: 쾰른 지역 특산 맥주)

- Altbier (알트비어: 뒷셀도르프 특산 맥주)

- Alsterwasser (알스터밧서: 맥주와 레몬음료를 섞은 음료로 북부독일에서 사용하는 명칭)

- Radler (라들러: 맥주와 레몬음료를 섞은 음료로 남부독일에서 사용하는 명칭)

웨이터 die Bedienung, der Kellner, 부를 때: Herr Ober!	
미식가 der Feinschmecker, der Gourmet	
테라스 die Terrasse	메뉴판 die Speisekarte
와인리스트판 die Weinkarte	정식 das Set-Menü
오늘의 정식 das Tagesmenü	포도주 감별사 der Sommelier
요리사 der Koch	주방장 der Chefkoch

Wie hätten Sie Ihr Steak gern? (스테이크를 어떻게 요리해 드릴까요?) 

익히지 않은 roh	중간 정도 익힌 medium
아주 잘 익힌 gut durch	겉만 익힌 blutig

warme Getränke (따뜻한 음료) 

차 der Tee	허브티 der Kräutertee
커피 der Kaffee	밀크커피 der Milchkaffee
블랙커피 der schwarze Kaffee	크림커피 der Kaffee mit Sahne
에스프레소 der Espresso	코코아 der Kakao

물 das Wasser	과일 주스 der Obstsaft, der Fruchtsaft
소다수 das Sodawasser	콜라 das/die Cola
아이스커피 der kalte Kaffee	우유 die Milch
레몬에이드 die Limonade	레몬주스 der Zitronensaft

식기세트 das Essservice	재떨이 der Aschenbecher
포크 die Gabel	접시 der Teller
유리잔 das Glas	소금 das Salz (der Salzstreuer)
컵 die Tasse, der Becher	후추 der Pfeffer (der Pfefferstreuer)
숟가락 der Löffel	차 숟가락 der Teelöffel
칼 das Messer	설탕 der Zucker
냅킨 die Serviette	식탁보 das Tischtuch
티스푼 der Teelöffel	젓가락 die Stäbchen

계산서 die Rechnung	팁 das Trinkgeld
카드로 mit Kreditkarte	현금으로 (in) bar

 **팁(das Trinkgeld)**

독일어권 지역의 음식점에서는 팁을 주는 것이 보통이다. 보통 10% 정도 주며, 잔돈을 받지 않고 일정 금액에 맞춰주기도 한다. 예를 들어, 음식값이 36,50유로가 나왔다면, 40유로를 줄 수 있는데, 이럴 때 Machen Sie vierzig! (40유로로 계산해주세요!)라고 말한다. 40유로를 건네는 경우라면, (Das) Stimmt so! (계산이 맞습니다.)라고 말한다.

- Das hier ist ein hochklassiges / billiges Restaurant.
  (이곳은 고급스러운 / 저렴한 식당이다.)

- Wir haben einen Tisch unter dem Namen ... reserviert.
  (우리는 …라는 이름으로 테이블을 하나 예약을 했습니다.)

- Können Sie uns einen Tisch in der Ecke / am Fenster geben?
  (우리에게 구석자리 / 창가자리를 줄 수 있나요?)

• Was möchten Sie als Vorspeise? (전채요리로 무엇을 원하시나요?)

• Die Speisekarte, bitte! (메뉴판 좀 주세요.)

• Zuerst hätte ich gerne eine Suppe. (우선 수프를 주문하고 싶습니다.)

• Guten Appetit! (맛있게 드세요!)

• Wie hätten Sie das Fleisch gern? (고기를 어떻게 원하시나요?)

• Für mich gut durch, bitte. (저는 잘 익혀주세요.)

Übungen

Ⅰ. 다음 독일어를 우리말로 말해보세요.

(1) die Kneipe ______________

(2) die Kantine ______________

(3) die Bedienung ______________

(4) der Feinschmecker ______________

(5) der Milchkaffee ______________

(6) die Gabel ______________

(7) der Löffel ______________

(8) der Teller ______________

(9) die Rechnung ______________

(10) das Trinkgeld ______________

Ⅱ. 다음 우리말을 독일어로 말해보세요.

(1) 맥주집 ________ (2) 패스트푸드점 ________

(3) 정식 ________ (4) 주방장 ________

(5) 중간정도 익힌 ________ (6) 블랙커피 ________

(7) 과일주스 ________ (8) 레몬에이드 ________

(9) 재떨이 ________ (10) 후추 ________

가게 (der Laden)

백화점
das Kaufhaus

벼룩시장
der Flohmarkt

슈퍼마켓
der Supermarkt

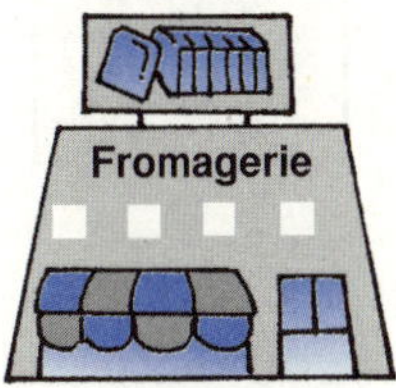

치즈 가게
der Käseladen/
die Fromagerie

식료품 가게 das
Lebensmittelgeschäft

정육점
die Metzgerei

완구점 das
Spielwarengeschäft

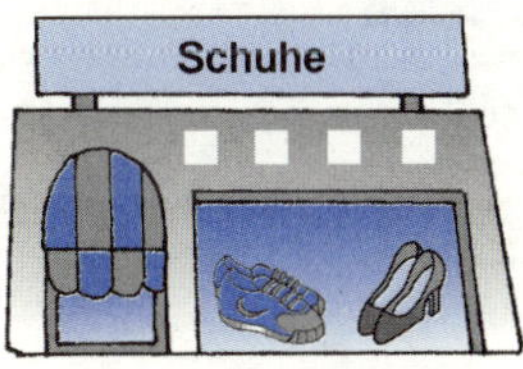

신발가게
der Schuhladen

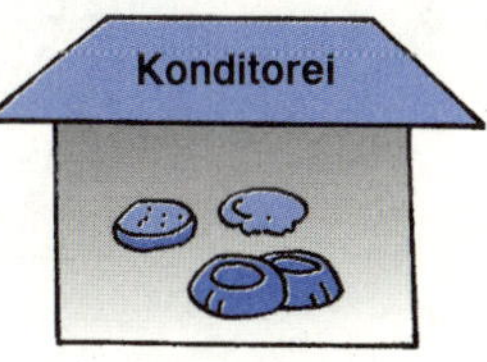

제과점
die Konditorei

빵집
die Bäckerei

미용실
der Friseursalon

약국
die Apotheke

세탁소
die Reinigung

문방구
der Schreibwarenladen/
das Schreibwarengeschäft

서점
die Buchhandlung

생선가게
der Fischladen/
das Fischgeschäft

향수 가게
die Parfümerie

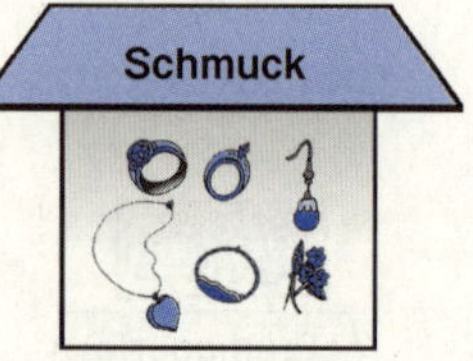

보석 가게
das Schmuckgeschäft/
der Juwelierladen

옷 가게
das Kleidergeschäft/die Boutique

가두판매점
der Kiosk

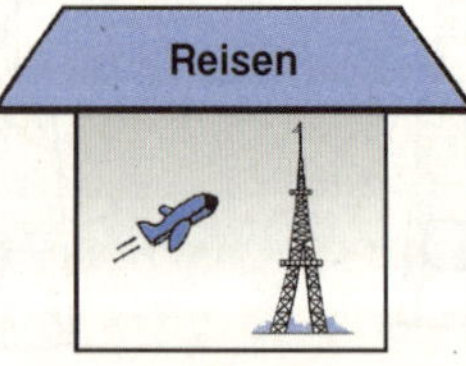

여행사
das Reisebüro

유제품 판매점
der Milchproduktladen

세일 der Sale/der Sonderverkauf	쇼핑카트 der Einkaufswagen
계산대 die Kasse	진열장 das Schaufenster
라벨 das Etikett	판매원 der Verkäufer
바구니 der Einkaufskorb	손님 der Kunde/die Kundin
선물용 포장 die Geschenkverpackung	집으로 배달 die Hauslieferung
계산원 der Kassierer	

 **가격을 묻고 답하기**

- Wie viel kostet das? 얼마입니까?
- Was macht das zusammen? 합이 모두 얼마입니까?
- Das ist billig / preiswert. 싸네요.
- Das ist sehr teuer. 너무 비싸요.
- Das ist akzeptabel / angemessen. 적당하네요.

Ⅰ. 다음 독일어를 우리말로 말해보세요.

(1) der Flohmarkt   ______________

(2) das Spielwarengeschäft   ______________

(3) die Bäckerei   ______________

(4) der Friseursalon   ______________

(5) der Kiosk   ______________

(6) der Einkaufswagen   ______________

(7) das Schaufenster   ______________

(8) die Hauslieferung   ______________

(9) der Kassierer   ______________

(10) der Verkäufer   ______________

Ⅱ. 다음 낱말을 독일어로 말해보세요.

(1) 백화점   ______________

(2) 치즈가게   ______________

(3) 정육점   ______________

(4) 제과점   ______________

(5) 약국   ______________

(6) 세탁소   ______________

(7) 향수가게   ______________

(8) 여행사   ______________

(9) 식료품가게   ______________

(10) 라벨   ______________

Lösungen 해답

1. 인사

   I. (1) Guten Tag. Wie geht es Ihnen?

   (2) Danke. Mir geht es gut. Und Ihnen?

   (3) Gute Nacht.

   (4) Schönes Wochenende.

   (5) Herzlichen Glückwunsch zum Geburtstag.

   (6) Gute Fahrt.

   II. (1) Danke. Gut. Und Ihnen?

   (2) Danke. Mir geht es gut. Und dir?

   (3) Auf Wiedersehen!

   (4) Ja, bis morgen!

   (5) Danke!

2. 소개

   I. A: Kennst

   B: das

   B: das

   A: Freut

   C: meinerseits

   II. (1) Das ist mein Freund Peter.

   (2) Freut mich.

   (3) Ich freue mich auch.

   (4) Darf ich mich vorstellen?

   (5) Ich komme aus Korea und lerne Deutsch.

3. 이름과 주소 답하기

   I. (1) heißen, heiße

   (2) wohnst, wohne

   (3) Wie, Meine

   (4) Wie, Mein

4. 국가 국적 언어

   I. (1) Wie heißen Sie?

   (2) Ich komme aus Korea.

   (3) Wo wohnen Sie?

Ⅱ. (1) Ich bin Koreaner / Koreanerin.

(2) Ich wohne in Korea.

(3) Ich spreche Deutsch.

(4) Sie ist Amerikanerin koreanischer Abstammung.

(5) Sie ist Deutschlehrerin.

5. 직업

Ⅰ. (1) ② (2) ② (3) ②

Ⅱ. (1) Busfahrer (2) Lehrerin (3) Blumenhändler (4) Arzt (5) Angestellter

Ⅲ. (1) Was sind Sie von Beruf?

(2) Ich arbeite bei einer Bank.

(3) Ich bin Firmenangestellter / Firmenangestellte.

(4) Ich bin Chirurg / Chirurgin.

(5) Ich bin Student / Studentin.

6. 신체와 건강

Ⅰ. (1) A: fehlt Ihnen　　　B: Hals, Kopf

　　 A: Zunge, Fieber　　B: huste

(2) A: Erkältung, Rezept

　 B: Fieber

7. 날씨

Ⅰ. (1) A: ist　　　　　B: Regen

(2) A: regnet　　　　B: klar

(3) A: schneit, vereist

8. 의복

Ⅰ. (1) die Hose (2) der Rock (3) das Kleid (4) der Anzug (5) das Kostüm

Ⅱ. (1) Was willst du heute anziehen?

(2) Es ist warm hier. Ziehen Sie den Mantel aus.

(3) Ziehen Sie sich warm an. Es ist kalt draußen.

(4) Das Hemd ist zu groß für mich.

(5) Die Hose ist zu lang.

9. 속옷·소품들

Ⅰ. (1) Melone (2) gepunktete (3) Schürze (4) Krawatte (5) Schal

Ⅱ. (1) 수건 – 손수건 (2) 스카프 – 목도리 (3) 야구 모자 – 눌러쓰는 모자

(4) 밀짚모자 – 중산모

10. 신발·보석

Ⅰ. (1) die Turnschuhe (2) die Sandalen (3) die Handtasche (4) der Rucksack

(5) der Koffer, die Reisetasche (6) der Ring (7) das Brillengestell

(8) das Abzeichen, die Anstecknadel (9) der Wecker (10) die Sonnenbrille

Ⅱ. (1) Sie zieht eine Bluse an.

(2) Ich ziehe Socken an.

(3) Er setzt eine Sonnenbrille auf.

(4) Ich binde eine Krawatte um.

(5) Haben Sie dies eine Nummer kleiner?

11. 거주지·집

Ⅰ. (1) das Fenster (2) die Decke (3) die Treppe

(4) der Korridor, der Gang, der Flur (5) der Abstellraum

(6) das Wochenendhaus, das Ferienhaus

(7) der Wachmeister (8) das Studentenwohnheim (9) die Nebenkosten

(10) der Vertrag

Ⅱ. (1) Wo wohnen Sie?

(2) Ich wohne fünf Gehminuten von der Bushaltestelle entfernt.

(3) Ich wohne im vierten Stock.

(4) Sie müssen die Miete am Ersten jeden Monats zahlen.

(5) Wie lange dauert es von der Station bis zu Ihrer Wohnung?

12. 방·거실

Ⅰ. (1) die Lampe (2) die Stehlampe (3) der Wandschrank (4) das Einzelbett

(5) der Kleiderbügel (6) der Vorhang (7) das Kissen (8) das Bettlaken

(9) der Spiegel (10) die Klimaanlage

13. 학교

Ⅰ. (1) die Schere (2) der Kugelschreiber (3) der Radiergummi

(4) der Notizblock (5) die Stiftdose (6) der Druckbleistift (7) der Spitzer

(8) die Reißzwecke (9) der Taschenrechner (10) der Klebstoff

Ⅱ. (1) Kommen Sie bitte herein. (2) Hören Sie bitte zu. (3) Sprechen Sie bitte nach.

(4) Ich verstehe das nicht. (5) Ich habe eine Frage.

(6) Ich bin gut in Mathematik. (7) Ich habe die Prüfung bestanden.

14. 학교체제

Ⅰ. (1) der Kindergarten (2) die Grundschule

(3) das Gymnasium, die Realschule, die Hauptschule

(4) die Hochschule, die Universität (5) der Schuldirektor, der Schulleiter

(6) der Schulsprecher (7) der Schulfreund (8) die Geschichte (9) die Kunst
(10) die Berufsschule

Ⅱ. (1) Ich bin Student in der deutschen Abteilung.

(2) Ich studiere Geschichte an der Universität München.

(3) Ich habe 20 Stunden Unterricht in der Woche.

(4) Deutsch ist ein fakultatives Fach.

(5) In Korea geht man mit 6 in die Grundschule.

15. 은행

Ⅰ. (1) das Konto (2) der Scheck (3) die Kreditkarte (4) die Gebühr

(5) der Schuldner (6) überweisen (7) der Saldo, der Kontostand

(8) der Schein (9) der Wechselkurs (10) der Geldwechsel

Ⅱ. (1) Warten Sie einen Moment.

(2) Ich möchte ein Konto eröffnen.

(3) Füllen Sie bitte dieses Formular aus.

(4) Ich möchte Geld abheben.

(5) Ich möchte Geld überweisen.

16. 우체국

Ⅰ. (1) der Absender (2) der Briefumschlag (3) das Paket (4) der Briefkasten

(5) der Empfänger (6) die Postkarte (7) die Briefmarke (8) die Verpackung

(9) die Quittung (10) das Einschreiben

Ⅱ. (1) Wo ist die Post? (2) Wo kann man Briefmarken kaufen?

(3) Ich möchte das als Paket schicken. (4) Was ist in diesem Paket drin?

(5) Sie müssen mehr zahlen.

17. 운동

Ⅰ. (1) der Torwart (2) die Rote Karte (3) der Zuschauer

(4) die Fußball-Weltmeisterschaft (5) der Schuss

(6) das Bergwandern, das Bergsteigen (7) das Wandern

(8) das Gewichtheben (9) das Fechten (10) der Kampfsport

Ⅱ. (1) Treiben Sie gern Sport? (2) Nein, ich treibe kaum Sport.

(3) Ich spiele gern Tennis. (4) Ich fahre gern Rad.

(5) Ich fahre gern Ski.

18. 취미

Ⅰ. (1) angeln (2) malen (3) bergsteigen (4) ins Kino gehen

(5) Blumen züchten, gärtnern (6) Schach spielen (7) Computerspiele spielen

(8) stricken

Ⅱ. (1) Was machen Sie in Ihrer Freizeit? (2) Was ist Ihr Hobby?

(3) Ich höre gern Musik. (4) Ich schwimme gern.

(5) Mein Hobby ist Bergsteigen.

19. 부엌용품

Ⅰ. (1) der Topf (2) der Schnellkochtopf (3) der Flaschenöffner

(4) der Korkenzieher (5) der Schöpflöffel, die Suppenkelle (6) das Spülmittel

(7) das Spülbecken (8) der Kühlschrank (9) der Elektroherd (10) das Tablett

Ⅱ. (1) Ich koche gern. (2) Was soll ich machen? (3) Was möchten Sie essen?

(4) Ich spüle nicht gern. (5) Ich backe einen Kuchen.

20. 집안용품·개인용품

Ⅰ. (1) das Bügeleisen (2) der Staubsauger (3) das Feuerzeug (4) der Wecker

(5) der Lichtschalter (6) die Sicherheitsnadel (7) der Schlüssel (8) der Besen

(9) der Spiegel (10) der Knopf

Ⅱ. (1) Haben Sie Feuer?

(2) Ich habe meinen Wecker auf sieben Uhr gestellt.

(3) Wo ist mein Schlüssel?

(4) Er schaut oft in den Spiegel.

(5) Bringen Sie mir bitte das Bügeleisen.

21. 욕실

I. (1) die Seife (2) die Zahnbürste (3) der Rasierer (4) das Shampoo

(5) die Waage (6) die Badewanne (7) das Toilettenpapier

(8) die Haarspülung (9) die Wäscheklammer (10) der Wäscheständer

II. (1) Ich rasiere mich jeden Morgen. (2) Ich wasche mich im Badezimmer.

(3) Sie schminkt sich vor dem Spiegel. (4) Ich dusche mich jeden Tag.

(5) Jeden Abend nehme ich ein Bad.

22. 자동차·전철·자전거

I. (1) der Scheibenwischer (2) die Motorhaube (3) das Steuer, das Lenkrad

(4) die Kupplung (5) der Blinker (6) der Rückspiegel (7) der Fahrradlenker

(8) die Kette (9) das Pedal (10) der Lastkraftwagen

II. (1) Der Wagen springt nicht an. (2) Schnallen Sie sich bitte an.

(3) Halten Sie bitte hier. (4) Fährt dieser Bus zum Rathaus?

(5) Prüfen Sie bitte das Motoröl.

23. 기차·버스·비행기

I. (1) der Schalter (2) der Hochgeschwindigkeitszug (ICE) (3) der Flughafen

(4) der Schlafwagen (5) der Speisewagen (6) die Ticketbarriere

(7) die Erste Hilfe (8) die Bordkarte (9) der Zoll (10) der Zeitunterschied

II. (1) Wo fahren die Busse nach Berlin ab?

(2) Lassen Sie mich hier aussteigen.

(3) Ich möchte einen Flug nach Hamburg reservieren.

(4) Um wie viel Uhr fliegt die Maschine ab?

(5) Wie lange dauert der Flug?

24. 휴가·여행

I. (1) die Wolke (2) der Horizont (3) der Schwimmreifen (4) der Strand, die Küste

(5) der Rucksack (6) der See (7) der Taucher (8) der Schlafsack

(9) der U-Bahnlinienplan (10) die Sonnencreme

II. (1) Ich gehe in einer Woche in Urlaub.

(2) Wenn man länger als drei Monate in Deutschland bleiben will, braucht man ein Visum.

(3) Heute Abend werde ich meinen Koffer packen.

(4) Ich verbringe meinen Urlaub im Ausland.

(5) Ich gehe im Winter in die Berge, um Ski zu fahren.

25. 호텔

Ⅰ. (1) die Anmeldung (2) das Gepäck (3) der Hotelpage (4) der Portier

(5) der Notausgang (6) das Check-out (7) der Weckruf (8) die Heizung

(9) der Zimmerservice (10) das Doppelzimmer, das Zweibettzimmer

Ⅱ. (1) Haben Sie ein Zimmer frei?

(2) Ich habe ein Zimmer reserviert.

(3) Wie viel kostet das Zimmer?

(4) Ich möchte das Zimmer wechseln.

(5) Um wie viel Uhr öffnet das Restaurant?

26. 컴퓨터·정보처리

Ⅰ. (1) der Kopfhörer (2) der Drucker (3) die Tastatur (4) der Scanner

(5) das Schwarze Brett (6) der Server (7) die E-Mail-Adresse

(8) surfen (9) das Antivirenprogramm (10) der Schrägstrich, slash

Ⅱ. (1) Gibt es hier einen Internetzugang?

(2) Wie lautet Ihre E-Mail-Adresse?

(3) Ich möchte diese Datei sichern.

(4) Der Computer ist abgestürzt.

(5) Ich kann mit diesem Programm nicht umgehen. Bitte erklären Sie es mir.

27. 전화

Ⅰ. (1) der Hörer (2) das Handy (3) die Telefonkarte (4) der Klingelton

(5) der Notruf (6) der Nebenanschluss, der Hausanschluss

(7) die Ortsvorwahl (8) der automatische Anrufbeantworter

(9) das Ferngespräch (10) die Nachricht

Ⅱ. (1) Ich möchte Herrn Kim sprechen.

(2) Am Apparat.

(3) Könnten Sie bitte etwas langsamer sprechen?

(4) Kann ich eine Nachricht hinterlassen?

(5) Ich rufe später noch mal an. Auf Wiederhören!

28. 감정(1)

I. (1) die Freude (2) die Trauer (3) der Ärger (4) das Glück (5) das Unglück

Ⅱ. (1) Mir ist heiß.

(2) Ich bin enttäuscht.

(3) Ich bin ärgerlich.

(4) Ich bin müde.

(5) Ich bin bewegt / gerührt.

(6) Lass mich in Ruhe. / Reg mich nicht auf.

(7) Ich habe den ganzen Tag geweint.

(8) Ich werde wahnsinnig!

(9) Ich bin total erschöpft.

(10) Du machst dich wohl lustig über mich!

29. 감정(2)

Ⅰ. (1) 나는 걱정이 된다.

(2) 나는 개를 무서워한다.

(3) 나는 그것을 믿을 수 없다.

(4) 참 유감입니다.

(5) 제 실수에 대해 용서를 구합니다.

Ⅱ. (1) Ich habe Angst.

(2) Mir läuft es kalt über den Rücken.

(3) Ich bin nervös. / Ich bin unruhig.

(4) Red' nicht davon!

(5) Ich verstehe dich.

(6) Das war nicht meine Absicht.

(7) Das ist nicht wichtig für mich.

(8) Ich zweifle daran. / Ich habe da so meine Zweifel.

(9) Jetzt bin ich beruhigt.

(10) So was kann immer passieren.

30. 가족

Ⅰ. (1) 할아버지 (2) 작은큰아버지, 삼촌, 고모부, 이모부 (3) 사촌 (4) 조카

(5) 매형, 매부, 시아주버니 (6) 외할머니 (7) 출생 (8) 사십대 여자

(9) 중년 부인 (10) 노년의 신사

Ⅱ. (1) die Großmutter (2) die Tante (3) der Mann / der Ehemann

(4) die Nichte (5) die Enkelin (6) der Schwiegersohn (7) die Jugend

(8) das Alter (9) der Tod (10) der / die Alte

31. 동물

Ⅰ. (1) 숫소 (2) 말 (3) 양 (4) 돼지 (5) 토끼 (6) 상어 (7) 게 (8) 연어

(9) 고래 (10) 개구리

Ⅱ. (1) das Kalb (2) die Henne (3) die Schnecke (4) die Gans (5) die Maus

(6) der Thunfisch (7) der Affe (8) die Ameise (9) die Heuschrecke

(10) der Papagei

32. 식물

Ⅰ. (1) 나무 (2) 도토리 (3) 나뭇잎 (4) 뿌리 (5) 보리수 (6) 대나무 (7) 민들레

(8) 목련 (9) 빗자루 (10) 못

Ⅱ. (1) die Kiefer (2) die gefallenen Blätter (3) der Pilz (4) der Stamm

(5) die Kastanie (6) die Chrysantheme (7) das Werkzeug (8) der Hammer

(9) der Schraubenzieher (10) die Schere

33. 채소

Ⅰ. (1) 오이 (2) 마늘 (3) 당근 (4) 파 (5) 무 (6) 아스파라거스 (7) 계피

(8) 겨자 (9) 소금 (10) 호두

Ⅱ. (1) die Zwiebel (2) der Mais (3) die Kartoffel (4) die Aubergine

(5) der Lattich (6) der Spinat (7) der Ingwer (8) der Pfeffer

(9) der Zucker (10) die Mandel

34. 과일

Ⅰ. (1) 딸기 (2) 사과 (3) 복숭아 (4) 파인애플 (5) 배 (6) 오디

(7) 자두 (8) 감 (9) 레몬 (10) 참외

Ⅱ. (1) die Banane (2) die Kirsche (3) der Granatapfel

(4) die Wassermelone (5) die Pflaume (6) die Grapefruit

(7) die Mandarine (8) der Walnussbaum (9) die Weintraube

(10) die Feige

35. 자연과 자연재해

Ⅰ. (1) 배 (2) 자갈, 조약돌 (3) 바위 (4) 부두 (5) 바다 (6) 강 (7) 민물, 담수

(8) 동굴 (9) 평원 (10) 오솔길

Ⅱ. (1) die Klippe (2) die Rettungsweste (3) der Sand (4) die Küste

(5) das raue Meer (6) die Gezeiten (7) der Bergpass (8) der Bauernhof

(9) der Waldbrand (10) der Tsunami

36 색깔 I

Ⅰ. (1) 검은 (2) 빨간 (3) 하얀 (4) 초록의 (5) 파란 (6) 갈색의 (7) 밝은 빨간

(8) 짙은 파란 (9) 오렌지색의 (10) 핑크색의

Ⅱ. (1) gelb (2) grau (3) purpurrot (4) violett (5) rötlich (6) gelblich

(7) blaugrün (8) einfarbig (9) bunt (10) nicht durchsichtig / nicht transparent

37. 색깔 2

Ⅰ. (1) 이것은 무슨 색입니까?

(2) 그녀의 머리카락은 검은색이다.

(3) 그녀의 눈은 파란색이다.

(4) 어젯밤 나는 완전히 취했다.

(5) 그는 화가 나서 얼굴이 빨개졌다.

Ⅱ. (1) die Schwarzarbeit

(2) Die Firma hat schwarze Zahlen geschrieben.

(3) Er arbeitet schwarz.

(4) Am Wochenende fahren wir oft ins Grüne.

(5) Er ist ein Pessimist. Er sieht alles gleich schwarz.

38. 성격, 특징

Ⅰ. (1) 영리한, 총명한 (2) 참을성 있는 (3) 멍청한 (4) 수다스런

(5) 완고한, 고집불통의 (6) 살찐, 뚱뚱한 (7) 마른 (8) 유연한

(9) 각진 (10) 타원형의

Ⅱ. (1) ungeduldig (2) faul, träge (3) schweigsam, wortkarg (4) mollig (5) rund

(6) eckig (7) schlank (8) gelenkig, beweglich (9) kalt, kaltherzig

(10) vorsichtig, überlegt

39. 수 1

Ⅰ. (1) die Kardinalzahl (2) die Ordinalzahl (3) sechzehn (4) dreiundzwanzig

(5) hunderttausend (6) 10 Millionen (7) siebt- (8) elft- (9) dreißigst-

(10) hundertst-

Ⅱ. (1) Ich wohne im zweiten Stock.

(2) Ich habe am achten Zehnten Geburtstag.

(3) In der sechsten Reihe sind noch Plätze frei.

(4) Der dritte Oktober ist der Tag der deutschen Einheit.

(5) Es ist schon das dritte Mal, dass du zu spät gekommen bist.

40. 수 2

Ⅰ. (1) die gerade Zahl (2) die ungerade Zahl (3) der Bruch

(4) die Grundrechenarten (5) das Prozent (6) die Mehrwertsteuer

(7) steuerfrei (8) der Marktpreis (9) die Gesamtsumme

(10) die Bezahlung

Ⅱ. (1) Mit einem Wort: Ich bin dagegen. (2) Fünf plus sechs ist elf.

(3) Drei mal fünf ist fünfzehn. (4) Er kann nicht bis drei zählen. / Er ist dumm.

(5) Ich komme in acht Tagen zurück.

41. 방향

Ⅰ. (1) in (2) über (3) links von (4) auf dem Boden (5) überqueren

(6) Nordosten (7) Südwesten (8) vor (9) gelehnt an (10) hinter

Ⅱ. (1) Wo ist dein Wagen?

(2) Mein Wagen ist hinter dem Museum.

(3) Wo ist die Post?

(4) Gehen Sie nach links.

(5) Da haben Sie Recht.

42. 통행

Ⅰ. (1) 인도 (2) 교통경찰 (3) 교차로, 사거리 (4) 주차요금 미터기

(5) 추월하다 (6) 통행금지 (7) 공사중 (8) 교통체증 (9) 속도제한

(10) 주차금지

Ⅱ. (1) die Straßenlaterne (2) die Ampel (3) die Straße (4) der Parkplatz

(5) die Mautstelle (6) die Straße überqueren (7) die Garage

(8) die Einbahnstraße (9) die Umleitung (10) der Zebrastreifen

43. 공연과 전시

Ⅰ. (1) 조명 (2) 좌석 (3) 영화관 (4) 관객 (5) 옷 맡기는 곳 (6) 보조 접이의자

(7) 소품 (8) 상영 (9) 휴관일 (10) 리허설

Ⅱ. (1) der Vorhang (2) der Dirigent (3) die Ausstellung (4) der Star

(5) der Hauptdarsteller (6) der Film (7) das Kostüm (8) der Filmliebhaber

(9) die Synchronisierung (10) Original mit Untertiteln

44. 책

Ⅰ. (1) 커버 (2) 페이지 (3) 헌사 (4) 일간지 (5) 요리책

(6) 시집 (7) 동화 (8) 서점 (9) 도서관 (10) 고서점, 헌책방

Ⅱ. (1) der Buchtitel, der Titel des Buches (2) das Inhaltsverzeichnis

(3) die Wochenzeitschrift (4) die Zeitschrift (5) der Antiquar

(6) die Autobiografie (7) die Saga, der epische Roman

(8) der Comic, das Comicheft (9) der Reiseführer

(10) die Erzählung, die Novelle

45. 식사

Ⅰ. (1) 아침식사 (2) 식욕을 높이기 위해 식사 전에 마시는 술 (3) 주요리

(4) 곁들인 요리, 반찬 (5) 야채샐러드 (6) 케이크 (7) 샴페인

(8) 크림치즈 (9) 소고기 (10) 돼지고기

Ⅱ. (1) die Zwischenmahlzeit (2) die Vorspeise (3) der Toast (4) das Brot

(5) die Wurst, das Würstchen (6) das Eis (7) der Käse (8) das Tagesgericht

(9) das Meeresfrüchtegericht (10) der Hering

46. 레스토랑

Ⅰ. (1) 주점 (2) 구내식당 (3) 웨이터 (4) 미식가 (5) 밀크커피 (6) 포크

(7) 숟가락 (8) 접시 (9) 계산서 (10) 팁

Ⅱ. (1) das Bierlokal (2) der Schnellimbiss (3) das set-Menü (4) der Chefkoch

(5) medium (6) der schwarze Kaffee (7) der Obstsaft, der Fruchtsaft

(8) die Limonade (9) der Aschenbecher (10) der Pfeffer

47. 가게

Ⅰ. (1) 벼룩시장 (2) 완구점 (3) 빵집 (4) 미용실 (5) 가두판매점

(6) 쇼핑카트 (7) 진열장 (8) 집으로 배달 (9) 계산원 (10) 판매원

Ⅱ. (1) das Kaufhaus (2) der Käseladen/die Fromagerie (3) die Metzgerei

(4) die Konditorei (5) die Apotheke (6) die Reinigung (7) die Parfümerie

(8) das Reisebüro (9) das Lebensmittelgeschäft (10) das Etikett